JN339559

나의 서울 감옥 생활 1878

MA CAPTIVITÉ DANS LES PRISONS DE SÉOUL
par MGR RIDEL(VICAIRE APOSTOLIQUE DE LA CORÉE)
avec une biographie de l'auteur

par ADRIEN LAUNAY

BROUWER, 1901

006
그들이 본 우리
Korean Heritage Books

나의 서울 감옥 생활 1878

프랑스 선교사 리델의 19세기 조선체험기

펠릭스 클레르 리델 지음
유소연 옮김

살림

발간사

서구의 시선으로 본 근대한국

세계에서 차지하는 한국의 위상이 과거에 비해서 현저히 높아졌고, 문화 교류도 활발해지는 시대입니다. 지구를 하나로 묶는 세계화가 진행되면서 민족 간의 경쟁도 더 치열해지는 한편으로 상호 소통과 이해의 필요성도 커져가고 있습니다. 동시에 우리와 타자 사이의 경계가 희미해지고 정체성의 위기도 더 절박한 느낌으로 다가오고 있습니다. 이런 때일수록 세계 속에서 우리가 누구인지, 타자의 시선에 비친 우리의 모습은 어떤지 되물어 보는 것이 중요합니다.

이번에 발간하는 '그들이 본 우리 총서Korean Heritage Books'는 이 시대에 꼭 필요한 일 중 하나가 이 '되물음'이라는 인식에서 기획되었습니다. 이 총서에는 서양인이 우리를 인식하고 표현하기 시작한 16세기부터 20세기 중엽까지 한국이 근대 국가로 형성되는 과정에서 그들이 묘사한 과거의 우리를 확인할 수 있습니다. 그리고 그들의 서술이나 묘사를 통해 한국이 어떻게 세계에 비쳐졌으며, 어떻게 우리가 '한국인'으로 구성되어 갔는지를 엿볼 수 있습니다. 오늘의 우리가 형성되는 과정을 이해하는 데 있어서 이 자료들은 하나하나가 매우 귀중한 보고서입니다.

이 총서를 통해 소개되는 도서는 한국문학번역원이 명지대-LG연암문고와 협력하여 이 문고가 수집한 1만여 점의 고서 및 문서, 사진 등에서 엄선한 100종으로 구성되어 있습니다. 한국문학번역원은 2005년에 전문가들로 도서선정위원회를 구성하고 많은 논의를 거쳐 번역할 만한 가치가 있는 서양 고서들을 선별했습니다. 1995년에 발족한 명지대-LG연암문고는 그동안 이 희귀본들을 수집 정리하는 데 많은 시간과 비용을 들였습니다. 이제 이 가운데 핵심적인 자료들이 번역 출간되어 일반에 공개됨으로써 우리 문화와 학문을 되돌아보고 이해함에 있어서 훌륭한 자양분이 될 것으로 기대합니다.

한국문학번역원은 우리의 문화를 해외에 알리고 전파하는 것을 기본 목적으로 하고 있는 기관입니다만, '우리'를 그들에게 제대로 알리기 위해서라도 '그들'이 본 '우리'를 점검해 보는 일이 꼭 필요하다고 봅니다. 이 총서의 번역 출간을 계기로 한국문학번역원은 문화의

쌍방향적 소통을 위해 더욱 노력하고자 합니다.

    이 총서 발간을 위해서 애써 주신 명지학원 유영구 이사장님과 문고 관계자들, 선정에 참여하신 명지대 정성화 교수를 비롯한 여러 선생님들, 성실한 번역으로 도서의 가치를 높여 주신 번역자 여러분, 그리고 출판을 맡은 살림출판사에 감사의 말씀을 전합니다. 앞으로 이 총서가 관련 분야의 귀중한 자료로서만이 아니라 독자들에게 재미있는 읽을거리로 자리 잡을 수 있기를 바랍니다.

2008년 3월

한국문학번역원장 윤지관

M. Ridel, des Missions Étrangères de Paris, évêque de Philippopolis *in partibus*, vicaire apostolique de la Corée. (Voir p. 264.)

리델 초상(이미지 출처 : 「LES MISSIONS CATHOLIQUES」, 1874, 권호 260, p.257)

리델 주교가 서울 포도청 감옥생활에 대한 기록을 1878년 10월 20일자 서한에 담아 파리외방전교회 본부로 보냈다. (문서번호 V. 580. ff 415)

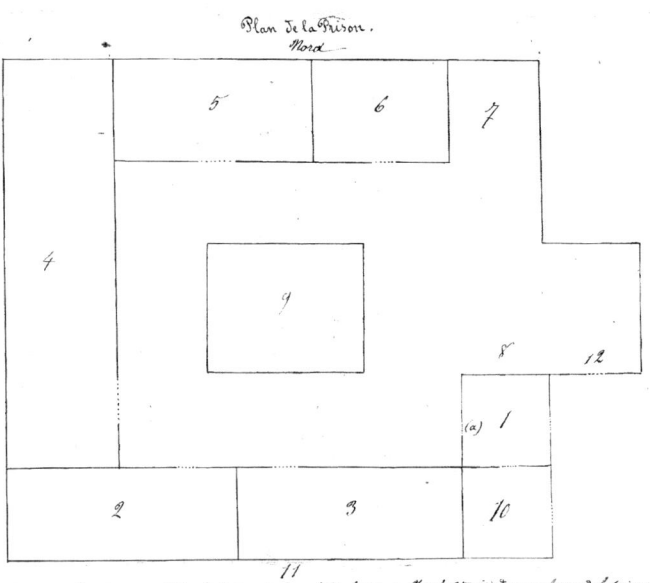

리델 주교가 직접 그린 포도청 구조도면 (문서번호 V.580. ff 438)
※ 114쪽 참조

차례

발간사	5
서문 리델 주교―제6대 조선교구장	13

나의 서울 감옥 생활   49

    1. 체포되다   51
    2. 수감 생활 초기   59
    3. 옥졸들, 내가 받은 문초   70
    4. 좌포청에서의 심문   88
    5. 이감 그리고 나의 동반자들   109
    6. 새 동반자들   142
    7. 자유를 향하여   160
    8. 석방   173
    9. 만주를 향해 출발   185
    10. 만주에서   217

역자 후기   229
주   237

일러두기
1. 원주는 본문 안의 각주로 표기하고 역주는 본문 뒤에 미주로 표기함을 원칙으로 삼았다.
2. 중국 지명은 한자음으로 표기하였다.
3. 로네는 간행본에서 원본의 일부 내용을 생략하였다. 그러나 자료적 가치를 고려하여 편저자의 의도보다는 원저자의 의도대로 생략된 부분을 넣기로 하였다. 앞으로 로네의 간행본에서 생략되었던 부분은 [ ]로 구분해 두기로 한다.

서문

리델 주교
—제6대 조선교구장

    펠릭스 클레르 리델은 1830년 7월 7일 프랑스 낭트 교구의 샹트네에서 태어났다. 그는 어린 시절, 어머니와 이야기를 나누다가 선교사 성소를 품게 되었다.

    아직 어린아이였던 어느 날, 어머니 곁에서 노는데 탁자 위에 놓인 「전교회지」[1]가 그의 눈에 띄었다.

    "어머니, 그 책에는 재미있는 이야기가 들어 있나요?"

    아이가 물었다.

    "그건 말이다, 애야. 선교사들의 이야기를 들려주는 책이란다."

    "그럼, 선교사는 무엇을 하는 사람인데요?"

"선교사란 아주 먼 나라로 가서, 좋으신 하느님을 아직 모르는 사람들에게 영혼을 구원하는 길과 천국으로 가는 길을 가르쳐 주는 사제란다."

"그래요? 그럼 저도 그 사람들에게 가서 가르쳐 주고 싶어요. 그래서 그 사람들이 우리와 함께 천국으로 갈 수 있도록 말이에요."

어머니는 아이를 품에 꼭 껴안고 사랑에 겨워 몸을 떨며 아이에게 뽀뽀를 하고 또 하면서 이렇게 속삭였다.

"아가, 사랑스런 아가!"

어쩌면 그 순간에, 그 어머니는 미래를 예감했는지도 모른다.

쿠에 초등학교 시절과 소신학교 시절에 펠릭스 리델은 타고난 대담성과 능동적인 성격을 나타냈다. 때로는 무모함도 없지 않았지만 그의 추진력은 단연 돋보였다. 리델의 그러한 품성에 감동한 교사들도 있었다. 굳건한 믿음과 학업에 대한 강한 열정 그리고 그에 어울리는 결연한 태도에 소신학교 교사들은 놀라워하였다. 소신학교 교사들은 쿠르송 신부에게 견해를 물었다. 당시 생 쉴피스 신학교 교장이었던 쿠르송 신부는 이렇게 대답하였다.

"이 아이의 용모는 나에게 강한 인상을 주었습니다. 이 아이는 분명 훌륭한 사제가 될 것입니다. 그 점에 대해서는 아무것도 걱정하지 마십시오."

펠릭스 리델은 낭트 소신학교에서 보낸 4년 동안 내면의 조숙함으로 주목을 받았다. 시간이 갈수록 올곧고 정직하였으며 덕행에 해당하는 것이 아니면 그 무엇이든 점점 더 멀리하였기 때문이다.

철학신학 과정과 대신학교 과정을 거치면서 리델의 진지하고 성직자다운 소양은 더욱 심화되고 보완되었다.

이제 자신의 성소에 대해 확신에 차있는 리델에게는 오로지 한 생각뿐이었으니, 몸과 정신을 다 바쳐 하느님과 성교회에 봉사하겠다는 것이 그것이었다. 이제 그의 성소를 꺾을 수 있는 것은 아무것도 없는 것 같아 보였다. 그는 모든 것을 떠날 준비가 되어 있었다. 자신이 중심 인물로 있던 성가정도, 그토록 사랑하던 벗들도……. 그러나 그는 마지막 순간까지 그들에 대한 추억을 결코 잊지 않았다.

매우 강직해 보이는 리델의 외모 저 깊숙한 내면에는 지극히 다정한 영혼이 깃들어 있었는데, 그러한 그가 부모와 벗들에 대한 개인적인 애정을 희생한 것은 사도직 측면에서 보자면 적지 않은 공로이기도 하였다. 이미 오래 전부터 선교사로서의 장래가 그의 앞에서 밝은 미소를 띠고 있었다. 그러나 또한 동시에 굳건한 신앙, 겸손한 덕행 그리고 하느님 안에서 숨어 사는 생 쉴피스의 사제 생활 역시 그에게 깊은 인상을 심어 주었다. 리델의 사촌이며 생 쉴피스 사제로서 캐나다에 선교사로 파견 나가 있던 보니쌍 신부는 그에게 생 쉴피스에 입학하도록 결정적인 영향을 준 모델이었고, 그는 거기서 하느님의 길을 공부하기로 마음먹었다. 그때가 1856년 10월이었다.

그 당시 예비자 교리반 장상이었던 이카르 신부는 첫 영성체를 준비하고 있던 어린 소녀들을 그에게 맡겼다. 그 소녀들은 본당 주일학교 학생들로서, 파리에서도 최상층 구역인 생 쉴피스에서 어느 정도 옛날과 같은 금욕적인 생활을 지키며 굳건한 신앙을 갖고 살아가던 노동자, 수공업자, 소상인들의 딸이 대부분이었다.

소녀들은 1856년 교리반 교사였던 그를 생생히 기억하였다. 소녀들은 그의 친절함에 매혹되었고 그의 부드러움에 매료되었다. 그가 말로 뿌린 씨앗은 그의 삶으로 완성되어 나타났다. 이듬해 리델은 사제 서품을 받고 라 르모디에르 본당 보좌 신부가 되었다.

리델은 외방전교회로 가기를 희망하였다.

"조금만 더 기다리십시오."

주교가 그에게 회답하였다.

리델 신부는 시련을 순명으로 조용하게 그리고 기쁜 마음으로 받아들였다. 만일 새로운 삶이 지금의 준비 기간을 요구하는 거라면 사도로서의 삶을 위한 준비 기간은 더 길고 더 많은 공부를 요구할 것이라고 혼자 속삭였다. 그는 금식하는 날을 늘리고 밤낮으로 먼 길을 걷기도 하며 장소를 불문하고 고된 일을 찾아다녔다. 그렇게 '마치 싸움을 앞둔 투사처럼 자신의 힘을 시험하면서' 가장 고되고 절제된 생활을 스스로 부여하며 1년간 준비 자세를 갖추었다.

1859년 7월, 드디어 리델의 꿈은 실현되었다. 1860년 7월 26일자 서한에서 그는 자신의 형에게 이렇게 적었다.[2]

> 내일이면 저는 프랑스를 떠납니다. 제가 얼마나 형님을 사랑하는지 다시 한 번 말하고 싶군요. 제가 어떤 동기에 이끌렸는지, 어떤 음성이 저를 다른 나라로 불러냈는지 형님은 이해하였을 테지요. 제 마음 속에서 저에게 말을 건넨 목소리는 바로 하느님의 음성이며, 우리 주님이십니다.

홍콩에 도착하기까지는 거의 1년이 걸렸다. 리델은 그곳에서 코친차이나 선교지의 펠르랭 주교를 만났다. 주교는 선교사들을 프랑스 함대 르 자퐁^{le Japon} 호의 사령관에게 소개하였다.

"이 두 분은 조선으로 파견되는 선교사입니다."

주교는 브르타뉴 지방의 억양으로 이렇게 소개하였다.

"그렇습니다, 함장님. 저희는 훈장 수훈자들 맞답니다.[3] 하지만 정부 연금은 안 받는 수훈자들이지요."

리델 신부는 웃으며 이렇게 덧붙였다. 그리고 훗날 그는 편지에서 이날을 회상하며 다음과 같이 계속 이어 갔다.

사실 그 말은 맞는 말이었어요. 왜냐하면 우리 두 사람은 가슴에 십자가를 달고 있었고, 언젠가 우리는 그 십자가를 어깨에 메서 하느님을 기쁘게 해 드릴 테니까요.

선교사들은 홍콩을 떠나 상해로 갔고 이어서 체푸로 향하였으며 체푸에서 다시 조선을 향해 돛을 올렸다. 선교사들은 모두 네 명으로서 리델 신부, 칼레 신부, 조안노 신부 그리고 랑드르 신부가[4] 그들이었다. 조선의 해안 가까이에 있는 메린 도島[5]가 약속 장소였다. 시간, 신호, 모든 것이 이미 약속되어 있었다.

1861년 3월 11일, 그들은 중국 배를 타고 체푸를 떠났다. 리델 신부는 이렇게 적었다.

우리가 탄 배는 길이가 8미터에 폭이 2미터 되는 배였습니다. 바닥은 평평하였고 갑판에는 테두리가 없어서 파도가 조금만 쳐도 배 안으로 물이 들어올 수 있었습니다. 만일 요셉 성인께서 이 배의 키를 잡아 주시지 않다면 항해가 매우 위험할 뻔하였습니다. 우리의 선실은 뱃고물에 있어서 선실로 내려오려면 마치 굴뚝 모양을 한 출구를 통해서 내려와야 했는데, 조금만 익숙해지면 그것도 아주 좋은 운동이 되었지요. 선실에서는 앉아 있는 것도 불가능한 상황이라 우리끼리 서로 이야기를 하려면 기어 다녀야 했어요. 우리는 침대에 누워서 기도도 하고 심지어 그 상태로 식사도 해야 했습니다.

3월 21일, 그들은 메린 도를 마주한 곳에 도착하였고, 성 목요일이 되자 조선 배가 다시 그들을 실어다 그들의 새 고향인 서울에서 30리[6] 떨어진 강가에 내려놓았다.

아시아 북동쪽에 위치한 조선은 길쭉한 형태의 반도로 서해안에 수많은 작은 섬들이 점점이 뿌려져 있다. 조선에서는 어디서나 산과 바위와 동산을 볼 수 있는데, 더러 민둥산도 있는 반면에 소나무나 무성한 잡초들로 덮여 있거나 울창하게 숲이 우거져 있는 경우도 있다. 흙으로 지은 초라한 오두막집 군락을 여기저기서 볼 수 있는데, 지붕은 짚을 얹어 만들었고 창은 종이를 발랐다. 몇몇 읍에 가면 좀 더 고급스런 집이 눈에 띄었으나 그 집들도 모습은 여전히 소박하고 고작 기와지붕을 얹었다는 것이 고급스럽다면 고급스럽다고 할 수 있을 것이다.

조선인은 몽골 족에 속한다. 중국인보다는 일본인을 더 닮아서, 구릿빛 피부에 코는 짤막하고 약간 아래가 퍼진 납작코이며, 광대뼈가 도드라져 있고 머리카락은 검다. 의복은 화려하지도 우아하지도 않다. 모자는 테지름이 60센티미터나 되는 원뿔 형태이다. 옷은 길이가 짧고 두꺼운 천으로 된 윗옷 위에 겉옷을 걸쳐 입는데, 소매통은 넓고 옆쪽이 터져 있으며 길이는 무릎까지 내려온다. 바지는 마치 알제리 보병대의 바지처럼 통이 넓다. 양말은 순모나 면 대신 헝겊 두 쪽을 붙여서 만들었으며, 신발은 짚으로 짠 샌들 같은 것인데 신발 한 켤레 가격은 그리 비싸지 않다.

파리외방전교회의 달레 신부가 『조선천주교회사』[7]를 출판한 것도 어언 30년 전의 일이다. 루이 뵈이요[8]는 공의회가 열리던 기간 중,[9] 로마 콜리세오에서 그리 멀지 않은 곳에 자리 잡은 집에 머물며 그리스도인에게 묵상 주제가 되는 기나긴 순교록[10]을 이렇게 요약하였다.

우리가 알다시피, 임진왜란 때 전쟁 포로로 일본에 끌려간 조선인들이 그곳에서 신앙을 받아들였고, 일본 천주교회가 대대적인 박해를 겪어 피비린내에 젖어 있을 무렵 그 조선 신자들이 일본 신자들과 함께 신앙을 고백하며 그곳에서 순교하였다. 마치 풀 씨 몇 알갱이가 태풍에 실려 미지의 땅으로 날아와 뿌리를 내리듯이, 그 피 몇 방울이 해협을 건너와 조선 천주교회를 태동시킨 것일까?[11] 사정이야 어떠하였든 간에 조선 천주교회는 사제 없이 성장하였고 오로지 형리刑吏의 칼로 경작되었다. 옥중에 있던 교황 비오 6세는 조선 천주교회가 존재함을 듣게 되고, 조선 천주교회를 멀리 떨어져 있는 북경 주교에게 위임하는 것 외에는 달리 할 수가 없었다.[12] 그러나 곧 북경 주교가 사망하고, 가톨릭 교회가 도처에서 무너지는 것처럼 보였던 참담한 시기에 교황좌도 무너지고 말았다.[13] 1811년, 조선 천주교회의 신자들은 교황 비오 7세[14]에게 편지를 보냈다. 그 당시 교황은 퐁텐블로에서 감금 생활을 하고 있었다. 그는 비단 한 조각을 건네받았는데, 거기에는 사제를 보내 달라는 조선 신자들의 요청이 담겨 있었다. 조선의 신자들은 편지를 통하여 교황에게 조선 천주교회를 소개하였다. 조선 천주교회는 순교자가 매우 많아 순교자 행적을 기록해 놓은 몇 권의 책이 있으나 조선 정부에 발각될까 염려스러워 그 책들을 보내지 못하며 이 편지를 비단에 쓴 것도 인편이 좀 더 안전하게 편지를 숨길 수 있도록 하기 위해서라고 적었다.[15]

  옥중에 있던 비오 7세는 지하교회[16]의 기도 소리를 들었다. 그가 이 기도에 즉시 응답할 수는 없었지만[17], 그렇다고 로마가 이 기도 소리를 잊은 적은 없었다. 그레고리오 16세는 조선 대목구를 설정하고, 거룩하고 헌신적인 브뤼기에르 주교를 초대 대목구장으로 임명하였다.[18] 이미 미지의 포교지를 자원한 바 있는 브뤼기에르 주교[19]는 샴[20]의 보좌 주교로 성성된 지 얼마 되지 않은 상태였다. 샴 교구의 교구장은 나이가 많아 교구의 모든 희망을 유일한 사제인 브뤼기에르에게 걸고 있는 상태였는데도 그를 (조선 대목구를 위해) 놓아주었다.[21] 이렇듯 조선 천주교회의 기반을 이루고 있는 모든 것이 위대하고 영웅적이니, 실로 조선 천주교회는 모든 계층의 순교자들에 기대어 그 토대가 형성되었다. 브뤼기에르 주교가 그 길을 터주고 문턱에서 사망하였고,[22] 모방 신부, 샤스탕 신부, 앵베르 주교 등[23]이 이 성스러운 문턱을 넘었으며, 그 뒤를 이어 선교사들과 열심인 신자들을 비롯한 무수한 순교자들의 피가 흐르게 되었다.

리델 신부와 그의 동료들이 조선에 들어올 무렵의 상황은 매우 좋은 편이었다.

조선 정부는 북경이 영국과 프랑스 군에 의해 함락되었고 중국 황제가 피신하였다는 소식을 들어서 알고 있었으며, 혹시 서양 군대가 그 여세를 몰아 서울까지 내려와 자기네 나라 선교사들을 처형한 것에 대한[24] 복수를 하지는 않을까 염려하고 있었다. 따라서 천주교를 금압한다는 종전의 고시를 적용하지 않은 채 조선 정부는 선교사들의 활동을 묵인하고 있었다. 베르뇌 주교[25]가 조선에 들어온 지 5년이 된 이래로, 성무 집행에 이토록 활동의 자유를 누린 적은 없었으며 신자들도

이토록 열심인 적이 없었으니 입교자의 수가 현격하게 증가하였다.[26]

베르뇌 주교에게는 성무를 방해받을 만큼 심각한 질병[27]이 있어 그의 보좌 주교인 다블뤼 주교[28]를 비롯한 세 명의 선교사들[29]은, 하느님께서 당신의 섭리로 자신들에게 보내 주신 새 일꾼들을 맞이하여 더할 나위 없이 기뻐하였다.[30] 이들은 용감하게 조선말을 배우기 시작하였고 곧 성무를 집행할 수 있었다. 그러나 애석하게도 얼마 지나지 않아 죽음은 그들 사이에 빈자리를 만들고 말았다. 리델 신부는 길동무였던 조안노 신부와[31] 랑드르 신부[32]의 눈을 자기 손으로 감겨 주는 고통을 겪어야 하였다. 그 자신도 두 번이나 병으로 쓰러졌고, 두 번째에는 다들 그가 죽을 거라고 여길 정도였으나 불굴의 의지로 다시 일어나 성무를 계속 집행하였다.

맡은 관할 구역이 광대하고[33] 관할 구역 내의 모든 공소를 순방해야 하다 보니 리델은 밤에도 길을 떠나 50리, 80리, 100리를 걸었다. 그리고 목적지에 도착하면 한 순간도 쉴 틈 없이 신입 교우들이 기다리고 있는 초가집으로 들어가 강론을 하고, 고해성사를 주고, 성체를 영하게 하고, 세례를 베풀었다. 그는 각 공소에서 하루나 이틀을 머물렀을 뿐 그 이상을 머문 적은 아주 드물었다. 그 이유는 교회의 원수인 사탄이 경계를 게을리하지 않았기 때문이니, 그만큼 그도 쉴 틈 없이 길을 재촉하여 더 먼 곳으로 가서 또 똑같이 강론을 하고 성사를 베풀고 세례를 주곤 하였다.

리델은 첫해 다섯 달 동안 자신이 맡은 교우촌 68곳을 방문하였다. 3,229명의 신자들에게 복음을 전파하기 위하여 대략 3,000리를 두루 다녔는데, 이 긴 여정 동안 2,318명의 고해자에게 고해를 듣고 어른 72명과 어린이 177명에게 세례를 주었으며 44건의 혼인성사를 베풀었다.

1864년에 리델은 본당 정황을 보고하고자 전교회장과 함께 서울에 있는 베르뇌 주교를 방문하였다. 그리고 주교에게서 새롭게 힘을 얻은 그는 임무지로 내려와 다시 일상의 업무에 임하였다.

이듬해, 그의 관할 구역은 조금 더 확장되어 3,700명에게 고해성사를 주었다. 그리고 105곳의 공소에 흩어져 있는 5,000명에 이르는 신자들을 만나기 위해 9월부터 (공소) 방문을 시작하여 4,000리에 이르는 길을 지나 (이듬해) 5월에 그 여정을 끝냈다.

이러한 리델 신부의 생활은 그의 열의나 역동성과 아주 잘 맞았으며 그러한 그의 삶을 하느님께서도 확실한 성과물로 축복하여 주셨다.

그러나 안타깝게도 그런 생활은 그리 오래가지 못하였다.

1866년 초, 원산항[34]에 정박하고 있던 러시아인들이 조선 정부에 통상의 자유를 요청하였다.[35] 이미 중국을 통해서 유럽 국가의 군사력을 알고 있었고 또 그것을 두려워하고 있던 조선 정부는 동요하였다. 그러나 조선 정부는 동양의 관습적인 정책에 따라서 시간을 끌려고 노력하며 다음과 같이 회신하였다. "조선은 중국의 속국이므로 북경 황실의 동의 없이 외국과 어떤 교섭도 할 수 없습니다."

그러나 나라 안 전체에 불안은 증폭되었고 대신들은 근심을 감추지 못하였다.

그 무렵 서울에 사는 양반 몇 명이 러시아인들의 교섭 요구를 좋은 기회로 삼을 생각을 품었다.[36] 그들은 비록 신자이긴 했으나 신앙생활을 열심히 하는 사람들은 아니었다. 그들은 러시아인들의 교섭 요구를 이용하여 천주교인들에게는 종교의 자유를 얻어주고 그와 동시에 자기들은 나라를 걱정하는 충신들이라는 칭송과 더불어 수완이 좋고 능력이 있는 사람들이라는 세평을 얻을 생각을 하였다.

그리하여 그들은 대원군에게 보낼 장문의 편지를 썼다. 그들은 편지에서, 러시아에 대항하는 유일한 방법은 프랑스, 영국과 동맹을 맺는 일인데, 프랑스와의 동맹은 조선에 들어와 있는 프랑스 주교들의 중재를 통해서 쉽게 이루어질 수 있을 거라는 의견을 제시하였다.[37]

대원군은 그들의 말을 반갑게 받아들이는 듯하였다. 그리하여 그들의 의견에 따라 이 중대한 일을 의논할 수 있도록 주교들을 만나게 해달라고 부탁하였다. 갑사 주교이며 조선의 교구장인 베르뇌 주교와

아콘 주교이며 조선 교구장의 보좌 주교인 다블뤼 주교는 확정된 면담에 나설 준비를 하였다.[38]

마침내 종교의 자유를 알리는 종이 곧 울릴 거라는 소문이 사방에 퍼졌다. 신자들은 기뻐서 어쩔 줄을 몰라 하였고, 사람들은 서울에 왕국의 수도에 걸맞은 대성당을 지을 이야기를 벌써부터 하고 있었다.

그런데 이 아름다운 꿈은 돌연 물거품이 되었다. 러시아인들은 사라졌고 조선 정부는 선교사들을 처형함과 동시에 조선 교회를 말살하기로 결정한 것이다.

1866년 3월 8일,[39] 베르뇌 주교, 랑페르 드 브르트니에르 신부,[40] 도리 신부[41]와 보리유 신부[42]는 가장 잔혹한 고문을 당한 뒤 참수형을 당하였고, 같은 달 11일에는 푸르티에 신부[43]와 프티니콜라 신부[44]가 똑같은 형을 당하였으며, 30일에는 다블뤼 주교와 위앵 신부[45]와 오매트르 신부[46]가 그 길을 갔다. 남은 선교사는 리델 신부, 페롱 신부와 칼레 신부뿐이었다.

리델 신부는 가족에게 보낸 편지에 다음과 같이 적었다.[47]

베르뇌 주교님의 순교 소식을 듣고 몇 명의 신자와 함께 진밭[48]으로 돌아가는 길이었습니다. 건너야 할 강이 하나 있었습니다. 정부에 속해 있는 파발꾼 한 명이 강을 건너려고 저희와 때를 같이하여 나타났습니다. 저는 제일 마지막으로 배에 올랐고 모습을 들키지 않으려고 배 앞쪽으로 몸을 돌렸어요. 대화가 오고 갔지요. 승객 한 사람이 파발꾼에게 말했습니다.

"나는 서울에서 붙잡은 그 서양 놈들 일 때문에 제천에 다녀오는 길이오. 제천에도 서양 놈들이 있소?"

"그렇소, 두 명이 있는데, 그들을 체포하라는 명령을 내가 전달해서 놈들이 체포됐소."

그러고는 그가 두 사람의 모습을 어찌나 잘 묘사하던지 저는 예의 두 사람이 푸르티에 신부와 프티니콜라 신부[49]라는 것을 쉽사리 알아차렸지요. 저와 함께 있던 신자들은 겁에 질려 한 마디 말도 하지 못하였고 저는 태연하려고 애썼지요. 먼저 말을 시작하였던 사람이 덧붙여 물었어요.

"그 놈들의 처도 체포하였소?"

"놈들은 처가 없어요."

"그러면 놈들은 집안 살림을 어떻게 한답디까?"

"아! 그거야 나도 모르죠. 놈들한테 가서 물어보쇼."

그 말에 신자들이 웃었고, 덕분에 너무나 눈에 띄게 슬퍼 보이던 그들의 안색이 주목받지 않고 넘어갔어요. 진밭에 도착해서 저는 몇 사람에게 성사를 주었고, 제 책들과 의복들을 모두 땅에 묻으라고 하였습니다. 그리고 3월 12일에 은신처를 찾아 진밭을 떠났는데 어디로 가야 할지 몰랐습니다. 저의 집주인인 안드레아가 자기 처와 아이들 그리고 신자 몇 명을 데리고 저와 동행하였습니다. 그날 저녁 서울서 내려온 포졸들이 진밭에 들이닥쳤습니다. 거기에 상주하는 서양인과 그 서양인 시중을 드는 모든 사람들을 체포하라는 간명한 명령을 받고 내려온 것입니다. 여러 차례 은신처를 바꾸어 가면서 저와 동행한 신자들을 먹이느라 제가 지니고 있던 것을 다 쓰고 난 후에는 대부분의 신자들을 돌려보낼 수밖에 없었습니다. 그리고 나서 저는 산속에 있는 작은 마을에 들어가 몸을 숨겼습니다. 저는 장티푸스를 앓고 있는 한 남자 곁에서 보름 간을 지냈는데, 아주 작은 소리만 나도, 제가 머물고 있는 집에 누군가 찾아오기만 해도 그때마다 장작더미 밑으로 몸을 숨기곤 하였습니다. 바로 그곳에서 부활축일 내 화요일에 다블뤼 주교께서 순교하셨다는 소식을 들었습니다. 그날 저녁, 안드레아의 아이들이 저희끼리 이 슬픈 소식에 대해 이야기하고 있었습니다. 장녀인 12살짜리 안나가 남동생들에게 하는 이야기를 들었지요.

"곧 사람들이 신부님과 아빠와 엄마를 붙잡으러 올 거야. 그리고 우리도 붙잡아다가 '천주교를 버려라, 그렇게 하지 않으면 사지를 자르겠다.' 이렇게 말할 거야. 그럼 우린 어떻게 해야 할까?"

그러자 동생이 말했어요.

"난, 이렇게 말할 테야. '마음대로 하세요. 하지만 나도 아빠처럼 할 거고 하느님을 버리지 않을 겁니다. 그래서 내 목을 친다면 나는 하느님한테로 가겠죠.'"

막내가 덧붙였습니다.

"그럼 난, 사또에게 이렇게 말해야지. '나는 천국에 가고 싶어요, 나으리들이 신자라면 나으리들도 천국에 가겠지만, 나으리들은 신자들을 죽이니까 지옥에 갈 거예요.'"

그러자 안나는 두 남동생을 껴안고 이렇게 말했지요.

"그래, 우리 다 함께 죽는 거야, 그래서 아빠랑 엄마랑 신부님하고 같이 천국에 갈 거야. 하지만 그렇게 하려면 하느님께 기도를 잘 해야 해. 그 사람들이 우리를 아프게 할 것이거든. 머리털이며 이를 뽑고, 팔을 빼고, 커다란 몽둥이로 때릴 테니까. 그리고 신부님도 그러셨어. 기도를 열심히 하지 않으면 그것을 견딜 수 없을 거라고."

저는 이 은신처에서 거의 한 달 반을 보내면서 우리 순교자들의 운명을 부러워하며, 그들과 함께 그러한 운명을 나누는 복을 제게서 빼앗아간 저의 죄를 회개하며, "당신의 뜻이 하늘에서와 같이 땅에서도 이루어지소서." 이 말씀을 묵상하였습니다.

드디어 5월 8일, 저는 페롱 신부의 소식을 들었는데, 그는 제가 있는 곳에서 몇십 리 떨어진 곳에 숨어 있었어요. 그리고 15일, 위험이 없지 않은 밤길을 걸어 그의 품에 안길 수 있었지요."

5월에는 분위기가 조금 잠잠해지기도 하였다. 가뭄이 심하여 나라가 황폐해졌고, 그래서 심지어 신자가 아닌 사람들까지도 나라의 재난이 천주교를 박해하고 선교사들을 죽인 탓이라고 하였다. 리델 신부와 페롱 신부는 집이 네 채뿐인 한 작은 마을에서 어린아이 여섯 명을 키우고 있는 한 가난한 과부 집에 함께 피신하고 있었다. 그 부인은 궁핍한 살림에도 불구하고, 또 선교사들에게 은신처를 제공함으로써 겪을 위험에도 불구하고, 그들을 극진하게 대접하고 지켜 주었다. 피신처는 안전하였고, 그들은 거기에서 거의 두 달을 머물렀다.

나라 안에 기근이 들었고, 작은 마을의 가난한 신자들은 아직 새파란 보리를 베어다 음식을 만들었다. 두 선교사도 이 음식을 먹어 보려고 애를 써 봤으나 어찌나 심한 부작용이 바로 일어나는지 결국은 그 음식을 포기해야만 하였다.

신자들은 자신들의 마지막 재산을 함께 모으고 가지고 있던 것을 모두 팔아 마침내 신부들에게 쌀 두 말을[50] 마련해 줄 수 있었다.

6월 15일경 페롱 신부와 리델 신부는 산속에서 사망한 줄로만 알고 있었던 칼레 신부의 소식을 듣고 그와 연락을 취할 수 있었다. 바로 그 무렵에 그들은, 포교지의 참상을 알리고 만일 가능하다면 포교지의 구제책을 위해 누군가 한 사람이 중국으로 가야 한다고 만장일치로 결정했다. 그리하여 리델 신부가 이 임무 수행을 위해 지명되었고, 그는 즉시 순명하여 눈물을 흘리며 사랑하는 조선 포교지를 떠났다.

그는 이렇게 적었다.[51]

저희는 작은 배 한 척을 마련해 달라고 하였는데, 그 과정에 상당한 어려움이 있었습니다. 드디어 성 베드로 축일[52]에 저는 다시 페롱 신부와 헤어졌습니다. 포졸들이 사방에 깔려 모든 길을 지키고 있었고, 관문關門을 감시하기 위해 그 어느 때보다 경계를 철저히 하고 있었으며, 서울의 군사들은 새 궁궐 건축에 쓰일 물자들을 운반하기 위해 배들을 징발하고 있었으니 모두 다 피해야 할 위험들이었습니다. 저는 대담한 신자 11명이 마련한 작은 선박 안쪽 깊숙이 몸을 숨겼습니다. 해안선을 따라 섬과 섬 사이로 항해하는 사흘 동안 우리의 두려움은 컸으나 하느님께서 저희를 도우셨고 또 침착한 우리 배의 키잡이가 저희를 궁지에서 구해 냈습니다.[53] 이윽고 저희는 먼바다로 나갔습니다. 제가 작은 나침반을 가지고 왔었기에 중국 연안 쪽으로 나아가도록 뱃길을 알려 주었습니다. 평생 한 번도 시야에서 육지를 놓쳐 본 적이 없었던 우리의 가여운 뱃사공들이 칠흑같이 어두운 밤에, 사방이 온통 무한한 밤바다만 펼쳐져 있었을 때 얼마나 두려웠겠습니까! 거센 바람이 휘몰아쳤습니다. 저희는 두 시간 동안 강한 돌풍을 맞으며 배를 지탱하느라 정말이지 힘들었습니다. 상상해 보십시오. 오로지 전나무만으로, 단 한 조각의 쇠도 들어가지 않은 채 오로지 나무 못을 써서 만든 데다가, 풀을 엮어 만든 돛에 밧줄은 짚으로 엮은 작은 배를 말입니다. 그러나 저는 이 배에 성 요셉 호라고 이름을 붙였고 배의 키 손잡이에 성모상을 모셨으며 망루에는 안나 성녀를 모셨습니다. 이튿날에는 육지가 한 점도 보이지 않았지만, 사흘째 되는 날에는 중국 선박들을 만나서 저의 동반자들의 마음에 용기가 되살아났습니다. 그러나 곧 다시 잠잠해진 바다에 저희는 놀랐습니다. 그리고 그날 밤에 저희는 또 한 차례의 바람을 맞았는데, 아마도 저희가 가야 할 방향으로 배를 아주 멀리까지 밀어 줄 모양이었습니다. 갑자기 바람은 요동치듯 오른쪽에서 왼쪽으로 휘몰아쳤고, 파도는 부풀어 올라 뱃전을 때려 댔으며, 한 치 앞을 내다볼 수 없는 캄캄한 어둠 속에서 비는 억수같이 쏟아졌습니다. 저는 우리 배 키잡이의 용기에 감탄하였습니다. 그는 밤새도록 자기 자리를 지키고 제가 알려 준 방향을 꼿꼿하게 유지하며 폭풍우가 지나갈 때까지 자기 자리를 누구에게도 내주려 하지 않았습니다. 드디어 바람이 멎고 운무가 걷히고 배가 양옆으로 흔들리고 있는데, 어느 새 동쪽의 붉은 하늘이 맑은 날씨를 예고하였습니다. 우리가 어디에 와 있는 것인지, 폭풍우에 떠밀려 어디로 와 있는 것인지를 서로 묻고 있을 때 한 선원이 검은 점 하나를 가리켰습니다. 그 검은 점은 금방 커졌는데 그것은 육지였고, 저희가 가고자 하였던 방향에 있는 육지였으니 더 의심할 여지 없이 그것은 중국이었습니다. 저희는 목숨을 구하게 된 것이었습니다! 그리고 누군가가 서양 군함 한 척이 있다고 알리기에 보니, 그 배가 저희를 향해 오고 있었습니다. 저는 그

배 곁을 지나가도록 지시하고 또 제가 조선에서 떠나올 때 고이 준비해 온 작은 삼색기를 올리게 하였습니다. 그 배는 세 개의 돛을 단 근사한 배였는데, 나중에 알게 되었지만 생 말로 소속이며 체푸[54]에서 출항하였습니다. 옆으로 지나가면서 저는 그 배를 향해 몸짓을 크게 하여 인사를 하였습니다. 함장은 저희를 유심히 바라보고 있다가, 중국 배도 아닌 아주 이상한 작은 배에서 프랑스 국기가 펄럭이는 것을 보고 무척 놀라며 더할 나위 없는 우아한 모습으로 제게 답례를 해 왔습니다. 그리고 그의 배에서 깃발이 올라오는 것을 저는 초조한 마음으로 기다렸습니다. 마침내 나타난 그 깃발은 프랑스 국기였고, 그는 국기를 올리고 내리기를 세 번 반복하는 것으로 저희에게 인사를 전하였습니다. 그때의 제 심경을 형님께[55] 말씀드리기란 불가능한 일입니다. 선교사인 제가 프랑스인을 보지 못한 지 6년이나 됐습니다! 그런 데다 당시 바다 한가운데서 헤매며 길을 몰라 하던 터였으니, 저로서는 그 선박에 합류하고 싶은 심정이었습니다. 그러나 그 배의 돛은 순풍을 안고 한껏 부풀어 올라 있었고 어느새 상당히 멀리까지 배를 싣고 가 버렸습니다.[56] 얼마 지나지 않아서 저는 저희가 도착한 연안이 어디인지를 알아차렸는데, 그곳은 제가 6년 전 떠나왔던 위해威海衛 항이었습니다. 저희는 제가 가고자 하였던 산동 해안의 체푸 쪽에 와 있었던 것입니다. 그러니까 저희는 최고의 항해 설비를 고루 갖춘 선박만이 해낼 수 있는 직항로를 거쳐 도착하였던 것입니다. 성모님은 얼마나 훌륭하신 키잡이이십니까! 이제 저희에게 남은 건 고작 몇 마일이었으나 역풍은 저희가 그날로 항구에 닿는 것을 허락하지 않았습니다. 7월 7일 아침, 저희는 항구를 보았고 정오에 유럽 선박들 사이에 닻을 내렸습니다. 저희는 곧 호기심에 찬 중국인들로 둘러싸이게 되었는데, 조선인들을 한눈에 알아보고 구경하러 온 것입니다. 저도 배에서 내리자마자 한 무리의 사람들에게 둘러싸였는데, 그들은 행렬을 이루며 제 뒤를 따라오면서 저의 이상한 의복을 호기심 어린 눈으로 쳐다보았습니다. 제가 가져간 소식은 유럽 거류민들 사이에 큰 파문을 일으켰습니다. 저는 지체하지 않고 천진으로 갔고, 거기서 중국 해안에서 프랑스 함대를 지휘하고 있던 해군 소장 로즈를 만났습니다. 그는 저를 호의적으로 맞아 주었으며 제게 도움을 주기로 약속하였습니다.

마침내 9월 10일, 호위함(코르베트) 프리모게le Primauguet 호, 통보함 데룰레드le Déroulede 호, 포함 타르디프le Tardif 호가 서울로 가는 길을 탐사하기 위해 중국을 떠났다. 리델 신부가 이 정찰에 참여하였고 그를 따르던 신자 세 명이 조타수를 도왔다. 길을 탐사하고 여러 가지 측정을 마친 편대는 중국 연안으로 되돌아갔다. 10월 11일, 함대는 체푸 항을 떠나 조선으로 방향을 잡았다. 함대는 호위함(프리깃) 게리에르la Guerrière 호, 스크루식 호위함(코르베트) 라플라스le Laplace 호와 프리모게 호, 통보함 데룰레드 호와 컨찬le Kien-Chan 호, 포함 타르디프 호와 르브르통 le Lebrethon 호, 이렇게 구성되었다.

프랑스군은 우선 강화읍을 점령하였고, 거기서 활, 화살, 군도軍刀와 약 80문의 포 등 다량의 무기를 노획하였다. 몇몇 사관이 서울로 항행하자는 말을 하였다. 그것은 리델 신부와 조타수들을 돕고 있던 신자들의 의견이기도 하였다. 로즈 제독은 그와는 다르게 판단하였다. 그는 조선 정부에 다음과 같이 편지를 보냈다. "백성 한 사람 한 사람을 염려하며 제국의 백성이 어느 곳에 있든지 간에 안전하고 또 대제국의 신민에 걸맞은 대우를 받기를 원하는 대불제국의 나폴레옹 황제 폐하의 이름으로 본인이 왔고, 조선 정부가 아홉 명의 프랑스인을 사형시켰다는 소식을 듣고 그에 대한 사죄를 요구하러 왔으니, 프랑스 선교사 죽음에 가장 크게 관여한 세 명의 대신들을 우리에게 넘겨줄 것과 동시에 조약 체결의 기초를 놓기 위해 (조선이) 한 명의 전권공사를 파견할 것을 요구하는 바이니, 이를 이행하지 않을 때에는 전쟁으로 야기될 모든 불행의 책임을 조선 정부에게 지울 것이다." 그러나 이 편지에 대한 답신은 없었다.

조선인들이 강화와 이웃하고 있는 지역으로 계속 모여들었고, 300명의 (조선) 병사가 강화읍에서 남쪽으로 30~40리 떨어진 곳에 있는 전등사에서 지키고 있었다.

제독은 그들을 내몰기 위해서 1개 부대[57]를 파견하였는데, 부대는 전투에서 승리를 거두지 못한 채 32명의 부상자를 내고 저녁에 돌아왔다.

며칠 후 함대는 중국으로 돌아갔다. 이 원정[58]은 신입 교우들의 처지를 더 어렵게 만들고 선교지의 파멸을 재촉하는 결과를 초래하였다.

리델 신부는 상해에서 함대와 헤어졌다. 그는 천주께서 조선으로 들어갈 때를 알려주실 때까지 10년을 기다려야 했다.

그 무렵 그는 서한에서 이렇게 적었다.

동료 아홉 명이 순교의 영예를 차지하고 지금은 천국에서 영관을 쓰고 계십니다. 어찌하여 저는 그와 같은 은총을 얻지 못하였는지요! 저도 그 은총을 얻을 뻔하였으나 아직 거기까지는 자격이 못 미쳤던 것이지요. 그때부터 저는 추방되어 쫓기면서 쓸모없는 사람이 되었습니다. 우리 포교지의 문이 저토록 잔혹하게 닫혀 있는 듯이 보이는 지금, 저는 손에 무기를 들고 그 무기를 들어올릴 시간만을 기다리는 보초병처럼 설레며 모든 마음의 준비를 갖추고 기다리고 있습니다.

교황좌에서 리델 신부를 필리포폴리스의 주교이며 조선 교구장으로 임명한 것은 바로 그 무렵이었다. 새 주교로 임명된 그는 공의회가 열리는 동안에 로마에 와서 제수Gesu 성당에서 주교로 성성되었다.[59] 그는 프랑스 주교에게서 서품을 받기를 원하여 본느쇼즈 추기경에게 의뢰하였다. 추기경 예하는 "나도 진정 당신을 서품하고는 싶으나 아무래도 예식은 자신이 없군요. 난 아직 한 번도 성성식成聖式을 주례해 본 적이 없거든요." 하고 대답하였다. 이에 리델은 미소를 지으며 "예하께서는 아무것도 염려하지 마십시오. 저도 주교 성성은 이번이 처음이거든요." 하고 대답하였다.

공의회 후에 리델 주교는 서둘러 중국으로 돌아와, 조선에서 가장 가까운 만주의 작은 성당 노트르담 데 네주 성당[60]에 거점을 두었다. 그리고 자신의 포교지로 잠입할 방법을 몇 해 동안 모색하였으나 쉽게 성공하지 못하였다.

1875년에는 훗날 앙티곤느의 주교로 그의 후계자가 될 블랑 신부와 함께 조선 입국을 시도하였으나 이때 자칫하면 목숨을 잃을 뻔하였다. 리델 주교가 중국 배를 타고 약속 장소까지 갔으나 그를 맞으러 오기로 되어 있던 조선 배가 나타나지 않았다.[61] 그가 탄 이국 배는 곧 (조선인의) 눈에 띄었다. 중국 배는 도주하기 시작하였으나 조선인들이 뒤쫓아왔고 상황은 위태로워졌다. 해안에서는 포졸들이 하선하는 이들을 철저하게 조사하고 있었고, 먼바다에서는 폭풍이 심하게 휘몰아

치고 있었다. 사람보다는 폭풍이 덜 무서워 보였다. 배는 항로를 바꾸었고 그러고 나서 얼마 안 되어 아찔할 정도로 빠른 속도로 폭풍에 휩쓸렸다. 죽음이 코앞에 있었다. 선교사들은 성교회가 바다의 별이라는 아름다운 호칭으로 청원 기도를 바치는 성모님께 의탁하고 원顧을 빌었다. 바람은 금방 멎었고 바다는 다시 고요해져서 배는 보름 전에 떠나왔던 항구로 다시 돌아갈 수 있었다.

오늘날 루르드의 바실리카 내부에 있는 한 소성당에는 커다란 대리석 판이 하나 세워져 있는데, 이 대리석 판은 선교사들이 겪었던 위험과 그들이 성모마리아께 의탁하였던 믿음, 그리하여 그들이 성모께 얻었던 모든 도움들에 대하여 전하고 있다.

(조선 입국) 시도는 여러 차례 반복되었지만 성과는 없었다. 그러나 굳은 결심의 주교는 좌절하지 않았다.

마침내 하느님이 그의 소원을 들어주셨다. 1876년, 그는 자신의 선교사들 중 두 명을 조선에 들여보낼 수 있었고, 이듬해 11월에는 다른 두 명의 사제들과 함께 조선에서 그들과 합류하는 잊지 못할 위로를 얻게 된다.[62] 그는 서한에서 이렇게 적고 있다.

그러나 가슴 아프게도, 제가 찾은 이 가련한 포교지는 얼마나 딱한 상황에 놓여 있던지요! 맹위를 떨쳤던 지금까지의 모든 박해들 중에서도 가장 무시무시한 박해라고 저의 신자들도 말하고 있었지만, 그 잔혹한 박해의 희생자가 되어 열심이었던 신자 수천 명이 사라졌습니다. 고문으로 죽거나 참수당하거나 교살되거나 혹은 그 밖의 다른 방법으로 죽은 신자들이 있는가 하면, 다른 한편으로는 노예처럼 팔려 알지 못하는 곳으로 끌려간 신자들도 있습니다. 우리가 만나는 신자들은 육체적으로나 영적으로 가장 참담한 처지에 놓여 있습니다. 피신할 수밖에 없었고 몸을 숨길 수밖에 없었던 그들은 전답이며 집이며 소유하고 있던 것을 모두 잃었으니 살아갈 방편이 아무것도 없습니다. 제가 본 어느 신자는 박해 전에는 큰 집에서 호사를 누리며 부유하게 살고 있었습니다. 그런데 박해를 맞아 모든 걸 잃었고 산속으로 들어가 12년째 자신이 경작한 감자만으로 끼니를 잇고 살고 있습니다. 또 12살 난 한 여자아이는 포졸들이 집으로 들이닥쳐 부모를 결박하고 끌고 가서 죽이는 것을 보고는 겁에 질려 8살짜리 남동생을 데리고 피신하였습니다. 그러나 얼마 지나지 않아 걷는 데에 지치고 굶주림의 고통과 추위에 힘겨워 어느 나무 밑에서 걸음을 멈추었던 모양입니다. 며칠 후에 사람들이 두 아이를 발견하였는데, 남동생의 몸을 덥혀 주려 하였는지 아니면 호랑이 먹이가 되지 않도록 보호하려 하였는지 누나가 동생을 품에 안은 채 둘 다 얼어 죽어 있었습니다. 그리고 수천 명은 아니더라도 수백 명이 이렇게 죽었습니다.

이곳에서 저는 사방 비신자非信者들에 에워싸인 채 몸을 숨기고 있습니다. 말도 작은 소리로 할 수밖에 없고, 신자들에게 성사를 주러 갈 때도 캄캄한 한밤중에만 나갑니다. 지금까지 저희에게는 아무런 사고도 일어나지 않았습니다. 하느님께서 아주 특별한 방법으로 저희를 보호하고 계십니다. 하느님의 거룩한 뜻이 이루어지소서! 제가 하느님의 거룩한 이름을 위해 고통받을 자격이 있는 자로 재판을 받게 되거든 그 시간에 저는 벗들을 기억할 것이며, 벗들의 기도에 의지하며 저 역시 모두를 위해 기도할 것입니다.

리델 주교가 어렴풋이 예감한 그 고통의 날은 그리 오래지 않아 다가왔다.

주교가 조선에 입국한 지 불과 석 달 남짓 흘렀을 때, 서양에서 온 우편물을 가지고 오던 신자들이 국경에서 체포되었다. 매를 못 이긴 그들은 몇 가지 내용을 자백하였다. 그렇게 해서 조선 정부로부터 모든 선교사를 잡아들이라는 명이 떨어졌다.

리델 주교는 1월 28일 오후 4시에 붙잡혀 서울의 여러 거리를 질질 끌려다니다 포도청으로 넘겨졌다. 그는 자신이 받은 첫 신문 조서, 여러 달 동안 감옥 안에서 받은 고통, 석방 그리고 만주로 되돌아가게 된 사연들을 기술하였는데, 과장도 시적인 수사도 섞지 않은 그 기록 안의 모든 내용은 단순하고 사실이며 그리고 현실처럼 가혹하고 그 자신처럼 선하고 다사롭다.

"감옥 안에서의 규율은 무엇입니까?"

그가 감옥 안에 들어서며 한 수감자에게 물었다.

"규율, 규율이라……."

비신자가 대답하였다.

"거적 위에 앉아서 그냥 조용히 있는 거요."

붙잡혀 온 이들 중에는 한 여성이 있었는데, 나이는 26세 남짓하였고 두 아이가 있었으며 그중 막내는 6개월도 채 안 된 상태였다. 그녀는 비신자와 결혼하여 남편을 입교시켰지만 박해가 일어나자 배교를 하고 말았다. 이러한 나약한 행동(배교)에도 불구하고 투옥된 그녀는 한때 잘못을 저질렀다는 생각이 들어 조금도 마음의 평온을 가질 수 없었다. 포졸들이 잠시 방심한 틈을 타서 그녀는 십자성호를 긋고 눈물을 펑펑 쏟아 내며 주교 쪽으로 머리를 숙였다. 그러나 그녀의 고해를 듣는 건 불가능하였다. 적당한 순간에, 리델 주교가 자기 자리에서 사죄경을 바치자 젊은 부인의 안색이 다시 밝아졌다. 믿음이 없었던 그녀는 그날 이후 행복을 되찾았고 마음의 평온과 함께 믿음의 온 힘을 되찾았다.

이 정도면 과연 우리가 알려지지 않은 한 왕국의 작은 수도 서울에

와 있는 것인지 아니면 지상에서 가장 거룩한 로마에 있는 것인지 모를 지경이다. 이 사람은 도대체 조선의 비천한 자녀들을 위로하고 죄를 사하여 주는 19세기의 프랑스 주교란 말인가 아니면 로마의 부인들과 기사들 그리고 억류되어 있던 그의 동료들을 축복하던 사도 바오로란 말인가?

내밀하고 깊고 그리고 특히 그윽한 이러한 기쁨 외에도 리델 주교에게는 또 다른 것들이 있었으니, 그는 우리에게 그에 대한 이야기도 들려준다. 그의 회고록 안에서 사제로서의 정신과 사도로서의 가슴, 이 두 개가 정확히 서로 드잡이하고 있는 것을 볼 수 있다.

6월 5일, 리델 주교의 주교 성성 기념일에 포도청의 수장이 감옥에 모습을 나타냈다. 그리고 주교에게 "당신의 큰 의복을 입고 나를 따라오시오."라고 말하였다. 포로는 순응하였고, 병사는 그를 한쪽 구석 떨어진 곳으로 데려가 씻으라고 물을 주었다. 주교는 이렇게 적었다.

> 해가 보였고, 나는 거기에 돋아나 있는 풀잎 몇 장을 쓰다듬었다. 도대체 얼마만에 보는 풀인가! 나는 하늘을 한참 바라보았다. 심지어 멀리 있는 산들도 볼 수 있었는데, 그 모든 것이 아름다워 보였다.

이 글줄을 읽노라면 심장 박동수가 빨라지고 두 눈엔 눈물이 고인다.

그렇다면 무슨 일이 있었던 것이며, 조선 정부가 리델 주교에게 관용을 베풀게 된 이유는 무엇인가?

프랑스 공사는 주교의 석방을 조선 정부 측에 요구해 달라고 중국 정부에 요청하였다.[63] 바야흐로 때는 베르뇌 주교의 죽음 이후, 대원군이 "프랑스인들이 조선에서 살해된 것이 이번이 처음은 아니며, 그들 나라 사람들이 항의하였던 적이 결코 없었고, 뿐만 아니라 누구도 우리나라의 일에 간섭할 것이 없다."라며 오만한 답신을 중국에 보냈던 시대[64]에서 시간이 많이 흘러 있었던 것이다. 이번 중국 정부의 요청은 받아들여져 수감자는 자유를 얻었다. 그러나 그것은 추방을 조건으로 한 자유에 불과하였다. 주교는 이 고을 저 고을을 거쳐 국경까지 이르렀다. 압록강을 건너고 중국 땅에 발을 들여놓을 때 그는 수많은 고통을 겪었던 이 나라, 그토록 뜨겁고 진정한 마음으로 그토록 깊이 사랑하였던 이 나라를 마지막으로 바라보기 위해서 뒤를 돌아보았다. 그의 감옥 생활 회고기에는 이렇게 적혀 있다.

> 얼마나 아름다운 전경인가! 나는 어쩔 수 없이 조선의 미소에 작별을 고해야 하는 심정이 되었다. 나는 마음 깊숙이 온 나라를 포옹하며, '안녕히! 부디 조만간 다시 만나자!' 하며 조선 땅을 향해 더 할 수 없이 다정스

런 강복을 보냈다.

오늘 우리는 그의 감옥 생활에 대한 회고록 전체를 간행하게 되었으니, 그의 회고기를 간단히 분석해 보기로 한다.*

비록 선교지에서는 멀리 떨어져 있었으나 거룩한 신앙의 증거자는 때로는 북경으로 때로는 동경으로 행보를 넓혀 갔다. 그리고 우리 측 대사들의 협력과 지원을 받아서, 박해를 받고 있는 신자들의 운명에 대해 중국과 일본 정부가 관심을 갖게 할 방도를 모색하는 등 활발하게 선교지 일에 전념하였다.

또한 그와 동시에 오래 전부터 기획해 오던 방대한 작업에 마지막 손질을 가하고, 동료 선교사들의 협력을 받아 문법서 한 권과 사전 한 권을 편찬하였다.[65] 사전에는 2만 8,000개 내지 3만 개의 조선어 단어가 수록되었으며, 풍성한 어휘 연구 본문과 두 편의 부록이 포함되었다. 첫 번째 부록에는 한 개의 견본 동사의 활용법이 알파벳 순으로 나열되어 있고, 두 번째 부록은 조선 지도 한 장이 수록되어 있는 조선의 현재 지명 사전이다. 학습을 용이하게 하기 위해서 그리고 모든 이가 이해할 수 있도록 하기 위해서 사전에 실린 각각의 조선어 단어 옆에

---

* 단, 우리는 몇몇 세부 사항을 생략해야만 하였다.

는 알파벳으로 발음을 표기하여 놓았다.

편찬 작업은 10년이 넘게 걸렸는데, 리델 주교는 그 세월 동안 매일매일 끈기 있게 자료를 보강하였다.

그것은 고립된 작업의 결과물이 아니라 역동적이고 신중한 협력의 결실로서, 개개의 어휘들은 공동의 심사와 엄격한 고증을 거친 다음에 등록된 것이다.

이러한 출판 활동은 선교사들이 진보와 관계되는 것에 무관심하지 않다는 것은 물론이고, 심지어는 그리 환대하지도 않는 땅에서 온갖 역경을 겪으면서도 지금껏 알려지지 않았던 미지의 보물로 학문을 확장하는 데 자신들의 시간을 일부 바칠 줄 안다는 것을 다시 한 번 증명한다. 두 출판물은 조선어와 프랑스어로 표기되어 있다. 중국에 있는 프로테스탄트 선교사들은 리델 주교에게 그것들을 영어로 번역하게 해 주면 인쇄비 일체를 부담하겠으며 조선 교회를 위해서 그의 작업에 대해 후한 사례를 하겠다고 제안하였다. 독일인들은 한층 더 유혹적인 제안을 해 왔다. 그러나 리델 주교는 이렇게 대답하였다.

"싫소! 나는 내 생의 15년간의 작업을 다른 사람에게 판다는 것을 허락할 수 없소. 나는 프랑스 사람이고, 조선인들이 프랑스어를 배우기를 원하지 다른 외국 언어를 배우는 것은 원하지 않습니다."

한편, 리델 주교는 이곳저곳으로 이동하면서 업무에 파묻혀 있는

가운데서도 사랑하는 자신의 선교지로 들어갈 날을 기원하고 고대하였다. 만일 그가 자신의 마음에만 귀를 기울였다면 모든 위험을 무릅쓰고라도 온갖 장애물을 서둘러 극복하고 자신을 위협하는 그 나라에 다시 들어갔을 것이다. 그러나 주교는 쉽게 들키지 않고 다시 입국하기를 바라기에는 자기 자신이 너무나 눈에 띈다는 것을 잘 알고 있었다. 또 자신의 재입국이 상황을 더욱 나쁘게 만들거나 다시 박해를 불러일으킬까 봐 두려워하였는데, 그것은 까닭 없는 두려움이 아니었다. 이러한 난감한 상황에 처해 있던 그는 교황좌에 의견을 청하였고, 교황좌는 그의 열의와 용기를 상찬하면서도 그러나 그 용기 있는 계획을 실행에 옮기는 것은 미루라고 조언하였다.

이 조언은 그에게는 명령이었으니, 선교사이며 주교인 그의 가슴을 아프게 때리는 명령이었다. 그러나 한편으로 좀 더 좋은 날이 오리라는 희망이 그를 지탱시켜 주었다. 일본 정부에 이어 미국, 영국, 독일 정부가 조선과 교류를 맺기 위해서 애를 쓰고 있다는 말이 진작부터 들려오고 있었다. 조선의 문명과 성교회를 가로막고 있던 장벽이 조만간 무너지리라는 희망을 품을 수 있었다.

그러나 그토록 열망하던 자유가 도래하였을 때 리델 주교는 그 자유를 누릴 수가 없었다. 건강은 극도로 쇠약해졌고, 흰 머리카락과 수척해진 얼굴은 감옥에서 지낸 오랜 세월의 고통을 고스란히 상기시켜 주었다. 리델 주교는 일본을 여행하던 중에 중풍에 걸렸고, 프티장 주교가 종부성사를 베풀기에 이르렀다. 그런데 전혀 예상 밖으로 현저하게 차도를 보여 홍콩에 있는 요양소로 가게 되었는데, 의술의 한계로 1882년에 프랑스로 돌아가야만 했다.

가족과 파리의 신학교에서 받은 헌신적인 간호 덕분으로 어느 정도 병세가 누그러지기는 하였으나 완치는 되지 않았다. 1884년 6월 20일, 예수성심대축일에 중풍이 재발하여, 독실하고 용감했던 주교의 영혼은 영웅적으로 감내해 온 지난 25년의 고통에 대한 위로를 받기 위해 하느님께로 올라갔다.

리델 주교의 전 생애는 투쟁과 저항의 일생이었다. 젊은 사제 시절, 그는 외방전교회 입회를 늦추어야 했고, 선교사가 되어서는 5년 사이에 두 차례나 병가를 내야 하였으며, 6년째 되던 해에는 박해를 맞아 자신을 바친 나라를 떠나야 했다. 또 주교가 되어서는 여러 차례 자신의 백성을 복음화하려고 애썼지만 사람들과 상황에 가로막혀 방해를 받았고, 급기야 10년 만에 성공을 거두었으나 그 성공은 얼마나 지속되었는가? 그토록 오랫동안 열망해 온 사목 활동을 다시 시작한 지 석 달 만에 그는 투옥되었다. 그리고 자유의 몸이 되어 자신의 선교지의 선익을 위해 다른 방법으로 다시 일을 시작하자 불치병이 그를 붙들어 프랑스로 데려갔으며, 그는 그곳에서 선종하였다. 십자가이다.

언제나, 어디서나, 십자가인데, 가장 무거운 짐을 지었을 때, 가장 고통스러운 것을 지녔을 때, 인간적인 가장 강렬한 열망과 가장 뜨거운 소원의 실현을 끊임없이 하느님 안에서 포기해야만 할 때 거기에 십자가가 있다.

  어쩌면 언젠가는 선교사들이 조선 땅에서 수월하게 풍성한 수확을 얻을 수 있을 것이다. 부디 그날이 오면, '그들이 때로는 부모의 공로 덕분에 자식들이 영광과 복을 얻는구나' 하고 생각하기를 바란다. 그리고 그들보다 먼저 어둠 속에서 끝도 없는 기다림의 아픔 속에서 기도하고 눈물 흘리고 고통받았던 이들을, 그리고 기나긴 여러 해 동안 노트르담 데 네주 본당에서 겸손하게 세상에 알려지지 않은 채 살았으나 이제는 대서양 연안 브르타뉴의 한 소박한 무덤 속에서 영원한 안식을 취하고 있는 주교를 기억하고 그들을 위해 감사의 기도를 바치기를 바란다.

아드리앵 로네

나의 서울 감옥 생활

1. 체포되다*

⁶⁶나는 몇 달 전부터 조선에 다시 들어와 있었는데, 온 나라가 고요하고 잠잠하였다. 나는 동료 선교사들과 숨어 살면서 조용하게 성무를 집행하였다. 선교사들은 온 나라를 두루 다니며 신자들을 방문하였고, 많은 신자들이 성사의 은총에 참여하고자 신부에게 몰려왔다. 나는 얼마 전에 학교를 설립하였는데, 벌써 학생이 몇 명 되었다. 1월 26일, 인쇄소를 차릴 집 한 채의 계약을 마무리하였고, 인쇄소의 책임을 맡기로 한 신자가 그곳에 들어와 상주하고 있으니 며칠 안으로 모든 게 가동될 예정이었다. 나는 서울에 있는 신자 몇 명에게 여러 차례

---

* 리델 주교의 원고는 단락이 나뉘어 있지 않고 부제도 달려 있지 않으나 독자의 편리를 위해서 우리가 부제를 달았다.

성사를 베풀었으며, 정식으로 성무를 집행하고 또 서울에 있는 모든 신자들에게 재차 성사를 주기 위해서 조선의 정월 명절이 지나가기만을 기다리고 있었다. 또한 우리는 국경에서 올 우리의 통신원을 기다리고 있었는데, 유럽 소식을 가져다 주기로 되어 있는 통신원이 오지 않고 있었다. 그에게 무슨 일이 일어났을까? 도무지 까닭을 알 수 없었고 우리는 이따금씩 이 점에 관해서 걱정을 하였지만, 내가 물어본 신자들 모두의 의견으로는 이 시기에는 국경을 넘는 것이 수월하므로 통신원이 체포될 리가 없다는 것이었다. 우리는 그저 인내를 가지고 기다리는 수밖에 없었다.

우리의 처지가 이러하였는데, 1월 28일 오전 10시경에 나의 집주인이자 여러분[67]도 아는 최 요한[68] 영감이 내 방으로 들어왔다. 그의 얼굴이 일그러져 있었다. 나는 우리 신자들의 겁먹은 얼굴에 꽤나 익숙해져 있었던 터이나, 그날 그의 안색이 평상시의 습관 이상의 뭔가 더 심각한 일을 예고하고 있음을 짐작할 수 있었다. 나는 그에게 물었다.

"무슨 일인가요? 또 나쁜 소식이 있나요?"

그는 긴 한숨을 내쉬고는 내게 대답하였다.

"통신원들이 국경에서 체포되었고, 혹독한 고문을 받고는 어쩔 수 없이 모든 걸 자백하였답니다. 그 소식이 어제 도착하자 즉시 국왕께서 주교님과 신부님들 모두를 체포하라는 명을 직접 내리셨답니다.

1866년(병인박해)의 배신자들인 피[69] 바오로와 최가가 신자들을 색출하는 데 동원되었답니다. 포졸들이 오늘 이곳으로 오기로 되어 있답니다. 오늘 오기로 되어 있는 포졸들 중 한 사람이 자신의 친척 되는 부인에게 이 모든 이야기를 한 것인데, 그 부인이 신자여서 급히 자기 아들을 보내 이 사실을 전하고는 조심하라고 당부합디다."

"저런! 드디어 진정한 그리스도인이 될 때가 왔군요. 이 모든 일이 하느님의 뜻으로 인해 일어나는 일이요, 결코 우리의 탓이 아니지요. 우리 붙잡히더라도 하느님의 도우심에 의탁합시다. 우리에게는 그분이 계시지 않습니까. 그러니 그분의 더욱 큰 영광을 위하여 죽을 각오를 합시다. 그것이 천국으로 가는 가장 빠른 길이오."

"오! 저 같은 늙은이야 죽는 게 무섭지 않지만, 이제 겨우 이 나라에 들어오신 주교님은 어떡합니까. 또 아직 성사도 받지 못한 신자들은 어떡하고요! 이게 무슨 날벼락입니까. 이제 조선에서 천주교는 끝났습니다!"

나는 아직 서울에 머물고 있는 통신원을 통해서 블랑 신부와 드게트 신부[70] 두 사람 앞으로 급히 편지를 써 보냈다. 그리고 위험한 정보가 될 만한 조선어 서류와 서한 등을 서둘러 모두 챙겨서 불태웠다. 또한 집에 있는 얼마 안 되는 금과 돈을 꺼내 모두 출판 책임자에게 맡겼는데, 헌신적인 그는 아무도 모르는 새집에다 내게 은신처를 마련해 주겠다고 급히 달려왔던 터이다.

　그의 제안을 두고 긴 시간 의논을 하였고, 결국 내가 피신하는 것으로 결정을 내렸지만, 낮에 그 결정을 실행하기란 불가능하여 밤이 되기를 기다려야 했다. 나는 조선에 들어오면서 조금도 환상을 품은 적이 없었고, 죽는 것에 대한 마음의 준비를 날마다 하고 있었다. 게다가 하느님의 특별한 은총에 힘입어 그 소식을 듣고도 무섭지 않았.

　무섭기는커녕 그것은 오히려 크나큰 은총이니, 이제 몇 해째 짊어지고 있던 짐에서 벗어날 터이고, 우리 주님을 증거하고 그분의 영광을 위하여 죽는 행복을 누릴 터이라. 이는 곧 천국과 영원한 복락으로 들어가는 여권이었기 때문이다. 나는 준비가 되어 있었고 가뿐하였으며, 마음은 동요됨이 없이 고요한 채 하느님께서 기뻐하실 일에 나를 온전히 내어 드리고 나의 사랑하는 신부들과 또 우리의 가련한 신자들을 위하여 기도하였다.

　4시쯤 되자 포졸들이 길 양쪽을 지키고 있다는 소식이 들려왔다. 피신하는 것이 불가능해졌다. 잠시 후 요란한 소리가 나더니, 문들이 열리는 소리, 대문 빗장이 부서지는 소리, 사방으로 뛰어다니는 한 무리의 남자들의 발소리가 들렸다. 그들이 집 안으로 들이닥친 것이다. 그들은 순식간에 내가 서 있던 방 안으로 들어왔고, 뭐라고 말을 건네려 하는 나를 알아보자마자 그중 다섯 명이 내게 달려들었다. 그리고는 머리카락과 수염과 팔을 잡아당기며 자기네들끼리 서로 기운을 쓰느라 고함을 치고 요란한 소리를 질러 댔다. 이어서 내게 신발을 신을 시간도 주지 않은 채 마당을 가로질러 다른 방으로 끌고 갔다. 가서 보니 나의 집안 식구들 역시 모두 잡혀 와 거기에 있었다.

20명도 넘는 포졸들이 나를 체포한 것을 좋아라 하였다. 그들과 함께 온 여자들도 있었는데, 이 여자들은 그들을 도와주며 내 집안의 여자들을 붙잡고 있었다.

장 첨지라는 우두머리 한 명이 자기를 소개하며 내게 말을 건넸다. 그는 부하들에게 나를 조금 느슨하게 놔주고 내 옷소매만 붙잡게 하였다. 그리고 나서 나를 다시 내 방으로 데리고 가더니 그제서야 자기네들은 정부로부터 나를 체포하라는 명령을 받았노라고 하면서 말을 이었다.

"우리는 서양인들이 네 명 더 있다는 것을 압니다. 그러니 당신이 그들에게 자진해서 출두하라고 편지를 써서 보내시오."

"신부들이 (조선에) 있다는 걸 아시오?"

"오! 알다마다요."

그렇게 말하고 그는 나를 아무렇게나 다루던 포졸들을 꾸짖고 다시 말을 이었다.

"주교는 우리와 함께 갑시다. 당신이 기도할 때 사용하는 책이 있다는 걸 내가 아는데, 그 책을 내게 맡기시오. 내가 그 책을 맡아 가지고 있다가 당도하면 다시 내주리다."

나는 그 소리를 듣고 깜짝 놀라 어떻게 그 모든 걸 다 아느냐고 물었다. 그는 이렇게 대답하였다.

"오! 베르뇌 주교와 다블뤼 주교를 체포하였던 사람이 바로 나요. 나는 그 사람들을 잘 알고 있었고 또 다른 신부들도 알고 있소."

그러고 나서 내게 시계를 가지고 있느냐고 물었다.

"그렇소. 내게 세 개 있소."

"포도주도 있지요? 오! 포도주, 그거 참 맛있거든. 그건 우리가 챙기지."

나는 그에게 궤짝을 가리켜 주었다. 그가 말하였다.

"좋소. 우리가 다 보관하겠소."

그동안 나는 올리브 동산에서 붙잡히신 우리 주님을 생각하며 묵상하려고 애썼더니, 내가 우리의 스승이신 그리스도의 발자취를 따라 걷는구나 싶어 행복하였고, 예수 그리스도의 포로가 됨에 기뻤으면서도 사랑하는 나의 신부들과 가련한 신자들 생각에 매우 가슴이 아팠다.

전날 나는 성 프란치스코 축일을 준비하며 이 위대한 성인의 강건함에 대해 묵상하였기에 나도 그분을 닮고자 노력하기로 마음을 다졌다.

집 안에서는 계속 요란한 소리가 났는데, 특히 포졸들과 그 고용인들이 소리를 지르며 웃고 희롱하며 몽땅 뒤엎고 있었다. 또 포도부장이 꾸짖는데도 아랑곳하지 않고 몇 명은 내게 욕설을 퍼부었다. 마침내 포도부장이 떠날 때가 되었다고 알렸다. 고용인 두 명이 나를 붙들었고, 나는 한 무리의 포졸들에게 에워싸인 채 밖으로 나갔다. 불쌍한 최 요한 노인이 나와 똑같은 모양으로 뒤따랐고 우연히 내 집에 있다가 함께 체포된 한 젊은이도 함께 뒤를 따랐다.

요란한 소리를 듣고 나온 이웃 주민들이 문가에 서서 우리가 지나가는 것을 보고 있었지만, 일단 마을 어귀를 벗어나자 아무도 우리를 주목하지 않았다. 어느덧 밤이 되었던 것이다. 나는 마음 놓고 서울의 거리들을 바라볼 수 있었고 숨을 필요도 없었으니, 사람들 눈에 띌까 두려워하지 않고 거리를 가로질러 걸어갈 수 있었던 게 이번이 처음이었다.

여느 때와 마찬가지로 이 시각이면 북적대는 사람들을 보았고, 큰 소리로 외쳐 대는 행상인들, 뛰어다니고 노래하며 노는 아이들, 밝은 색깔의 긴 장옷으로 얼굴을 가리고 조용히 걸어가는 여인네들을 보았다. 앞서서 뛰어가면서 사람들에게 큰 소리를 외쳐 길을 트는 하인들 뒤로 대관들의 행차가 이어지는 것을 보았고, 또 길 한복판에 앉아 추위에 떨면서 행인들에게 동정을 사려고 외치는 버려진 불쌍한 어린아이들도 보았다.

  이 시각이 되면 서울은 정말이지 묘한 풍경을 연출한다. 형형색색의 다소 깔끔한 의복들, 오고 가며 서로 교차되는 (저마다 들고 있는) 등롱燈籠들은 기묘한 길 풍경을 자아냈다. 양쪽에서 나를 단단히 붙잡은 채 좌우로 심하게 끌어당기는 두 감시인의 압박에도 불구하고 나는 이 모든 풍경을 눈여겨볼 수 있었다. 그러면서도 특히 내 정신은 하느님을 모르는 이 불쌍한 백성들의 불행을 걱정하고 있었다. 나는 이 나라 백성들에게 신앙의 빛을 널리 전파하고 천국의 길을 가르치려고 왔는데, 시작하자마자 이렇게 붙들린 몸이 되었다. 이렇게 된 바에야 이 가련한 백성들의 구원을 위해 죽을 수 있도록 용감하게 나를 우리 주님께 바치기로 하였다.

2. 수감 생활 초기

　포도청으로 들어가는 길목에 이르자 포졸들이 민첩하게 움직이기 시작하고 몇 명이 차례차례 우리 앞으로 와서 선다. 그들은 나지막이 말을 주고받으며 왔다갔다 뛰어다니고 그야말로 어수선하다.

　드디어 우포청 문 앞에 도착하자 큰 등롱 두 개에 불을 밝히고 군사들이 두 줄로 서더니 나보고 그 한가운데로 들어가라 한다. 요한 노인이 내 오른쪽으로 보이는데 우리가 있는 곳은 마당 한복판이다. 우리 앞에서 종이 미닫이문이 열리자 재판관 또는 경찰청장인 듯한 사람이 자신의 집무일 안에서 돗자리 위에 앉아 있는 것이 보인다.

　문초가 시작된다.[7] 나는 조선인들이 무슨 일에서든 예의를 지키는 것에 예민하다는 것을 알고 있었기 때문에, 답변에서 항상 동등하게 대하며 예의 바른 언어를 사용하기로 마음을 먹었고, 그래서 애초부터 포도대장에게 이렇게 말하였다.

"저의 본 마음은 언어범절을 갖추어 재판관 나으리께 말씀드리고자 하오나 제가 조선어에 그리 능통하지 못하여 그리 바르지 못한 표현이 나오더라도 나으리께서 그것을 마음에 두지 말아 주시기를 바랍니다."

그곳에 있던 사람들이 깜짝 놀라 나를 바라보았고, 포도대장이 내게 물었다.

"성이 무엇인가?"

"이_{Ni}李입니다."

"이름은?"

"복명_{Pok Myeng-Y}福明입니다(Felix Clair를 한자로 옮긴 것이다)."

"(조선에) 언제 들어왔는가?"

"음력 7월에 들어왔습니다."

"어느 길을 통해서?"

"장산_{Tchang-san}*72을 통해서 왔습니다*."

"무슨 연유로 왔는가?"

"가톨릭교를 전하고 사람들에게 자신을 잘 인도하는 법을 가르치

---

* 조선 연안의 가장 서쪽에 있는 곳.

러 왔습니다."

"많은 사람들을 가르쳤는가?"

"들어온 지 얼마 되지 않아 많은 사람들을 가르칠 시간이 없었습니다."

"너를 데리고 온 자들이 누구누구이냐?"

"이 물음에 답변을 드리면 여러 사람에게 해가 될 수 있으니, 이 물음에는 대답하지 않는 것이 제 의무입니다."

"네가 가르친 자들은 어디에 있느냐?"

"저는 이 나라를 잘 알지 못하여 제가 만난 이들이 어디에 사는지 모를 뿐만 아니라 조금 전에 말씀드린 바와 똑같은 이유로 저와 접촉하였던 이들의 이름은 아무도 댈 수 없습니다."

"너는 신부인가?"

"그렇습니다. 또한 주교입니다."

"아! 예전에 빠져나갔다던 이 신부가 이 주교가 된 게로구나?"

"맞게 말씀하셨습니다. 사실이 그렇습니다."

"알았다!"

그러고는 이 사람을 데려가서 잘 대하라고 덧붙였다.

요한 노인 역시 몇 가지 물음에 대답하였다. 그는 처음에 재판관 앞에서 비천한 자세로 앉아 있었는데, 재판관은 일어나라고 해도 망설이는 그에게 일어나라고 다시 한 번 친절하게 권하였다.

포졸 두 명이 나를 너무 꽉 붙들고 있는 것을 보고 재판관은 나를 놓아 주라고 명령을 내리면서 이렇게 말하였다.

"이 사람에 대해서는 염려할 것이 없다."

내가 이 재판관을 본 것은 처음인데, 선하고 상냥해 보였다. 요한 노인은 그날 이후 두 번 더 호출되어 갔는데, 그 재판관을 만나게 된 것을 매우 기뻐하였다. 아마도 그가 무척 상냥해서 우리에게 유리할 것이라고 생각하였기 때문이었을 것이다. 그러나 며칠 지나지 않아서 그의 기대는 산산조각이 났는데, 그 재판관이 면직되었기 때문이다.

나는 포졸들 숙소로 인도되었다. 거기로 가니 포졸들은 나를 쉬게 놔두기는커녕 많은 질문들로 짓눌러 왔는데, 나는 내가 할 수 있는 한도에서 그 질문에 대답을 하였다. 이윽고 슬금슬금 모두 돌아가고 두 명의 포졸만 남아 나를 감시하였다. 자정쯤 되자 베개로 쓰라는 것인지 네모난 작은 나무토막 하나를 내게 밀어 주니, 나는 기도를 하고 쉽게 잠이 들었다. 이튿날엔 기도를 바칠 때 한 토막 한 토막씩 바칠 수밖에 없었는데, 그들이 틈틈이 내게 말을 건네 왔기 때문이다. 그리고 성무일과서도 바쳤다. 그들이 성무일과서를 돌려주어서 나는 3월 16일까지 그것을 지니고 기도를 바칠 수 있었다. 처음엔 힘들었으나, 얼마 지나니까 내가 그 책을 읽을 때는 말을 붙여 보았자 소용없다는 것을 모두가 알게 되었다.

전날 시간을 보려고 시계를 찾다가 시계가 없어졌다는 것을 알았다. 나는 포도부장에게 시계가 없어진 것을 밝히며 이렇게 말하였다.

"내가 집에서 나올 때는 시계를 지니고 있었는데, 내 작은 가방 안에 시계가 보이지 않으니 길에서 잃은 모양입니다. 그래도 어쩌면 시계를 찾을 수 있지 않을까요?"

처음에는 그가 깜짝 놀라더니 조금 있으니까 이렇게 말하는 소리가 들렸다.

"참으로 의로운 사람이군! 자기 시계를 도둑맞고도 아무도 고발하지 않으려고 자기가 잃어버렸다고 말하는구나."

그러고 보니 길을 오는 동안 나를 붙잡고 오던 자가 좀 더 편하게 나를 붙잡기 위해서라며 내 작은 가방에 찰싹 달라붙었던 것이 기억났다. 나는 그 당시 그 자가 내 물건을 훔치려는 의도가 있었던 거라고는 생각하지 못하였다.

아침에 내 작은 유럽산 빗이 없어졌다는 것을 알았고 주머니칼도 마찬가지였으니, 모조리 같은 길을 따라간 것이었다. 다행히 주교 반지는 남아 있었는데, 아마 도둑이 반지는 더듬어 보지 않았던 모양이었다. 나는 그것을 잘 감추기로 하였다.

얼마가 지나자 나를 더 아래쪽에 위치한 다른 방으로 보냈는데, 때는 저녁이었다. 내 발에는 발족쇄를 채웠는데 그 족쇄는 목판 두 개를 맞대어 놓은 것으로 길이가 약 4미터이고 폭이 15센티미터[73]가량이었다. 아래쪽 목판에는 오목한 모양으로 도려낸 부분이 있어 거기에 발목을 놓게 되어 있다. 그렇게 수형자受刑者가 발을 놓으면 윗부분 목판을 내리덮는데, 위쪽 목판은 한쪽 끝에 박혀 있는 돌쩌귀를 통해서 여닫을 수 있다. 반면에 다른 한쪽 끝은 자물쇠를 채운다. 이 형구의 이름은 차꼬이다. 이것을 차고 있으면 죄인들은 도망을 갈 수가 없다. 가끔은 두 발을 다 이렇게 채우는 수형자도 있지만 나는 한쪽 발만 채우는 데 그쳤다.

그들은 내게 이 형구를 내놓으면서 그 사용법에 대해 설명하였다. 두 포졸은 나를 이러한 자세로 만드는 것이 민망스러운 듯이 분위기를 조금 부드럽게 하려고 이렇게 말하였다.

"이것이 이곳의 관례라오. 방 손님을 처음 받으면 손님의 발을 이 기구 안에 넣어 놓게 하지요."

나는 등을 대고 누울 수 있었고, 또 약간의 솜씨를 부리면 옆으로 누울 수도 있었다! 나는 이 새로운 생활에 피로를 느껴 몇 시간밖에 잘 수가 없었다. 나를 가장 불편하게 한 것은 거적을 뒤집어쓰고 있던 두 사람이었다. 내게서 멀지 않은 자리에 누워 있던 그 두 사람은 거적더미 속에서 몸을 뒤척이며 한숨을 내쉬기도 하고, 여기저기 물어 대는 이와 벼룩을 쫓느라 쉴 새 없이 온몸을 긁어 대곤 하였다. 그들의 몰골은 내게는 꼭 내 목을 벨 망나니처럼 보일 정도로 흉측하였다. 나중에 알게 되었지만, 그들은 비밀경찰에 고용된 걸인들이었다. 그 후에 진짜 망나니들을 보게 될 기회가 있었는데, 그들은 훨씬 더 흉측스러운 얼굴을 하고 있었다.

앞으로 무슨 일이 일어날지 알 수 없었으나, 아무튼 내게 환상을 품을 여지는 없었다. 나의 선임자들에게 일어났던 일들이 내게 예비된 운명을 어느 정도 말해 주고 있었기 때문이었다. 1월 31일, 은밀하게 나누는 몇 마디 대화를 들었는데, 그들은 다음 날 있을 형 집행에 관해 이야기를 하고 있었다. 낮에는 마음을 가라앉히고 묵상하는 것이 힘들지만 밤이 되면 훨씬 고요하므로, 조금 있으면 나의 마지막 시간이 오리라는 확신이 들어 나 자신을 준비하며 밤을 지새웠다.

지금 내 전례서를 보니 2월 1일자에 다음과 같은 메모가 적혀 있다. "9시과時課[74]까지 성무일과를 바쳤다. 잠시 후면 분명히 나는 죽을 터이니, 나는 온전히 하느님의 것이다. 예수여, 만세! 몇 분만 지나면 나는 천국에 있을 것이다!"

지금 보면 그때 나는 준비를 잘하였던 것 같고, 죽음을 맞이할 자세가 전적으로 되어 있었던 것 같다.

내게 남아 있는 시간을 활용하기 위해서 나는 '주님을 찬미하세

Laudate'와 '바다의 별이신 성모님 Ave maris Stella'을 부르면서 기다렸다. 그 날 관군들은 마당에서 사나운 고함을 내지르며 특별한 훈련을 하고 있었다. …… 그 모든 것을 보며 내가 곧 사형될 거라는 생각이 더욱 굳어졌다. 그러나 그날 한 살인범의 사형이 집행되었다는 말을 나중에 들었다. 하지만 그것이 맞는 말인지 나로서는 끝내 알 수가 없었다.

이튿날은 음력 정초라 모두에게 큰 명절이었다. 나를 윗방으로 데려갔는데, 나는 거기서 다른 사람들과 마찬가지로 새해 인사를 나누었다. 밤이 되어도 옥졸들은 나에게 차꼬를 채우지 않았는데, 아마도 옥졸들이 마음대로 규칙을 어기고 그렇게 해 주었던 것 같다. 왜냐하면 이틀 뒤 다시 내게 그것을 채우라는 명이 왔기 때문이었다.

나를 지키고 있던 두 옥졸은 분명 내 벗들이었으니, 그중 한 사람이 이렇게 말하는 소리를 들었기 때문이다. "저 사람에게 족쇄를 채운다는 게 가당키나 한 일인가! 저 사람은 조선에서는 찾아볼 수 없는 정직하고 의로운 사람이며, 저 사람이야말로 이 세상에 다시 오신 부처님일세." 다음 날 옥졸들이 저희끼리 많은 말을 주고받더니, 마침내 한 명을 포도대장에게 보내 자신들의 소견을 밝히기까지 하였다.

"저 사람에게 차꼬를 채우는 건 가엾은 일입니다."

포도대장이 대답하였다.

"나도 너희와 똑같이 생각하고, 나 역시 그이가 가엾다. 그러나 명령이 엄하니, 내가 그것을 어길 수가 없구나."

이런 일이 일어나는 동안 나는 독감에 걸려 밤이면 추위로 매우 고통스러웠다. 옥졸이 다시 포도대장에게 달려가니, 포도대장이 이렇게 말하였다.

"오! 그가 앓는다니 큰일이구나. 앞으로는 그에게 차꼬를 채우지 마라. 그 일은 내가 책임을 질 터이니, 너희는 그 사람을 잘 간호해 주어라."

그러고는 추위를 막으라고 큰 병풍 하나를 갖다 주었고 탕약도 두 그릇을 보내 주었다. 나는 이 모든 세심한 배려에 진실로 감동받았고 그것을 어떻게 받아들여야 할지 몰랐다.

심지어 포도부장은 방에 불을 때라고 나무를 약간 살 수 있는 엽전 열두 푼, 거의 3수[75]에 해당하는 돈을 내게 주었다. 내가 그 돈을 포졸들에게 주려 하자, 포졸들은 그것을 뿌리치며 자기들 돈으로 땔감을 샀다. 포졸 한 명은 담배를 사라고 내게 엽전 다섯 푼을 주었고, 또 다른 한 명은 작은 빗을 주었는데, 빗이야말로 내게 절실히 필요하던 물건이었다. 이미 나는 모두의 벗이 되었고, 그들은 자기네들끼리 내 칭찬을 입에 침이 마르도록 하였다.

"사람이 참으로 온유하고 순박하고 예의 바르고 상냥하고 의롭네!"

그러자 고참들이 이렇게 말하였다.

"저 사람들은 모두가 다 그러하지. 베르뇌 주교, 다블뤼 주교를 비롯해 우리가 본 신부들 모두가 다 그랬어. 서양인들은 정말로 덕이 많아. 우리 조선인들과는 같지 않단 말이야. 죽이는 대신 자기네 나라로 돌려보내는 게 좋을 텐데. 오히려 죽여야 할 자들은 바로 저 사람들을 찾아가는 그 못된 신자들일세. 그자들이 없었으면 당연히 저 사람들도 이 나라에 들어올 수 없었을 텐데 말이지."

2월 5일, 관가에서 요란한 소리가 들려왔다. 옥졸들은 내게 내다보지도 못하게 하였고 무슨 일인지 알려주지도 않았다. 그러나 곧 그 소리가 죄수들이 잡혀 온 소리라는 것을 깨달았다. 탄식하는 소리까지 들렸는데, 그것은 마치 아이들의 신음 소리와도 같았다. 신자들일지도 모른다는 생각이 저절로 들었는데, 이튿날 그 생각에는 의심의 여지가 없었으니 "너는 양인한테서 배웠느냐?" 하고 재판관이 꽤나 큰 소리로 고함을 치는 것이 들렸기 때문이었다.

그러니까 여전히 신자들을 잡아들이고 있었던 것이다. 몇 명이나 될까? 알 수가 없었다. 결혼한 지 열흘 된 18세의 젊은 여성이 잡혀 왔다는 것을 나중에 알게 되었는데, 그녀는 작은 벼슬을 하고 있는 양반집의 이 레옹이라는 세례명을 가진 노인의 딸이었다. 그는 신부들에게 크게 도움이 되었던 열심인 신자로서, 나도 1861년에 그를 복사로 삼은 적이 있었다. 근래에는 드게트 신부에게 집을 빌려 주고 있었고,

그의 맏아들 이 요한도 드게트 신부를 수행하고 있었다. 그녀는 남편과 함께 붙들려 왔고, 문초를 받은 뒤에 신자들과 도둑들이 함께 섞여 있는 감옥으로 보내졌다.

  한참이 지나고 2월 20일경에 또 신자들이 붙들려 왔다. 모두 20여 명이 되는 신자들이 소름 끼치게 비좁은 우포청 감옥을 가득 채웠다. 그 바람에 수감자들은 발에 여전히 차꼬를 찬 채 서로서로 포개어 있어야 했다. 여성 신자들은 연이어 붙어 있는 작은 방 안에 차꼬를 차지 않은 상태로 수감되었다. 감옥과 그곳에서의 규칙에 관해서는 뒤에서 곧 언급할 기회를 만들겠고, 지금은 내가 거의 두 달을 함께 지낸 포졸들에 대해 이야기하기로 한다.

3. 옥졸들, 내가 받은 문초

포도청은 좌포청과 우포청 두 곳이 있고 각각의 포청에는 약 52명의 포교들이 있다. 포교들은 모두 정해진 교육을 통해 양성되며, 포교들 밑에는 일종의 관군들이 있고 다시 그 밑으로는 군사들이 출동할 때 그들을 수행하는 하급 직원들이 있다. 그리고 맨 마지막으로 망나니들이 있다. 이들은 최하층의 사람들로서 흉측한 얼굴에 교활한 눈빛을 하고 있다. 일반적으로는 예전에 도둑이나 죄수들이었는데, 그런 자들을 풀어 주고 망나니로 삼은 것이다.

포교들의 제복은 아주 다양한데, 출동할 때마다 각각 수행할 임무에 맞춰서 눈에 띄지 않도록 하기 위해서이고, 종종 변복을 하기도 한다. 그들의 수장으로는 첨지僉知와 동지同知가 있다. 하사급에 해당하는 첨지들은 망건 편자에 옥관자를 붙이고, 중위급의 동지는 금관자를 붙인다. 그들은 모두 포장捕將의 명령으로 움직이며, 포장은 일반 범죄자들을 체포할 수 있는 절대적인 권한을 지니고 있다.[76]

포졸들 혹은 포교를 알아보는 것은 어렵다. 그러나 익숙한 사람들은 그들을 알아보는 데 결코 틀리는 법이 없다. 포교들은 필요한 경우에 자신들의 신분을 밝히기 위해서 항상 통부通符라고 부르는 반원형의 나무로 된 패를 지니고 다니는데, 거기에는 글자가 새겨져 있고 관인이 찍혀 있다. 포교들은 그것을 녹피鹿皮 끈으로 매달아 바지 허리띠에 차고 다닌다. 그들의 권한은 대단해서 누구도 감히 그들에게 저항하지 못한다. 그러나 양반들만은 예외라서 양반들은 그들을 멸시하고 가끔은 냉대할 때도 있다. 그러나 양반들에게 냉대를 받으면 그들은 항상 백성에게 분풀이를 하니, 이럴 때 마침 그들의 손아귀에 잡히는 이들만 불쌍할 뿐이다. 그들이 어느 개인에게 복수심을 품거나 혹은 어느 부호의 재물을 탈취하려고 마음을 먹었을 때는 무시무시한 존재가 된다. 그들은 항상 궁지에서 벗어나는 법을 알고 있어서, 이유가 없을 때에는 고문을 하고 규정이나 도를 넘어서 희생자들을 괴롭힌다.

[1877년 12월인가 아니면 이듬해 1월 초의 일이었다. 한 포교가 어떤 남자의 첩과 내연의 관계를 맺고 지내다가 그녀를 아예 제 것으로 삼고 싶었다. 그리하여 그 목적을 달성하기 위해서 다른 이들 몇 명과

합세하여 그 남자를 도둑으로 몰아 송사거리를 만들었다. 그리고 도둑 범행을 자백하게 하려고 그를 체포하여 투옥한 후 끔찍한 형벌과 함께 문초를 받게 하였다. 그러나 아무리 매를 때려도 그 남자는 여전히 자신은 무고하다고 주장하였고, 그것이 결국은 포졸들의 분노만 키워 그는 거의 죽을 지경에 이르게 되었다. 그러자 그 남자가 정직한 사람이라는 것을 알고 있던 마을 사람들이 모여 포도청에 가서 그의 결백을 주장하였다. 그렇게 해서 점차 그 소송이 완전히 거짓으로 꾸며진 것임이 밝혀지자 포도대장은 그 남자를 석방하라고 명령하였다. 그러나 불쌍한 남자는 이미 산 사람이기보다는 살갗이 벗겨진 시체나 다름없었으니, 갈비뼈가 다 드러나고 수염과 속눈썹 겉눈썹은 모두 탔으며 눈가에는 멍이 들었고 발은 다 망가졌으며 무릎뼈는 으스러지고 엉덩이와 아랫배는 화상을 입었고 등등……. 그제서야 그 남자가 죽을까 봐 겁이 난 포교들은, 혹시 그가 죽으면 자기네들의 책임이라, 그를 치료하고 간호하기 시작하였는데, 결국 그가 살아났는지 어떠하였는지 나는 그 뒷소식은 듣지 못하였다.

그러니 신자들이 그 야만인들의 손에 들어가면 어떤 형벌을 받게 될지 짐작하고도 남는다. 신자들을 박해할 때에는 포도대장이 신자들을 완전히 포교들 재량권에 맡기지 않았다. 내가 알기로, 신자들이 다른 신자들을 고발하고 또 배교하도록 하기 위해서 포도대장이 직접 형벌을 지시하는 것 같았다. 그 형벌들이란 다리와 팔을 비틀거나 공중에 매달기와 같은 것들이다. 우리 주님 예수 그리스도를 위해서 고문을 받는 가련한 신자들의 비명과 신음 소리를 나도 몇 번 들었다. 그럴 때면 나는 그들의 고통을 함께 나누곤 하였는데, 무엇보다 내 마음이 더욱 아팠던 것은 현장에 있는 포교들과 형리들이 그 광경을 보고 비웃으며 재미있다는 듯 크게 소리를 내어 웃는 것이었다. 그 사람들에게서는 일말의 측은지심도 기대할 수 없었다. 그렇다고 모두가 고약한 야만인들이라고 말하고 싶지는 않다. 그렇지 않은 포교들도 많다고 나는 믿고 싶은데, 내가 아는 한 우포청의 포교들은 대체적으로 나를 학대하지 않았고 심지어 몇 명은 내게 욕설을 퍼붓는 자들에 맞서서 나를 방어해 주었고 나와 즐겨 이야기를 나누며 많은 질문을 하기도 하였다. 그래서 나는 그들에게 백번도 넘게 유럽 국가들과 프랑스, 프랑스의 국토와 면적에 대해서 이야기를 해 주어야 하였고, 사계절을 비롯한 달의 상, 일식과 월식, 증기선, 철도 등에 대해서 설명해 주었으며, 심지어는 천주교 교리와 하느님, 천지창조, 십계명 등에 대해서도 설명해 줄 수 있었다. 그들은 하느님에 대해서는 믿지 않았으나 십계명의 교리에 감탄하였다. 나는 종종 그들이 신자들에 대해서 '유순하고 평화를 지닌 사람들'이라며 칭찬하는 소리를 들었고 "신자들은 남의 것을 훔치지 않고 거짓말도 하지 않으며 이웃에 대해서 나쁘게 말하지도 않는다."라고 말하는 것을 여러 번 들었다. 기회만 있으면 훔치려 하고 거의 언제나 거짓말을 하려고 하여 무엇을 믿어야 할지 또 무슨 생각을 하는지 도무지 모를 사람들에 비하면 얼마나 차이가 나는가. 나는 수없이 속아 결국 그들이 내게 말하는 것을 전혀 신뢰하지 않게 되었다. 무엇보다 가장 고약한 것은 그들의 외설적인 말들, 음담패설이었다. 그들은 심지어 몸짓을 써 가며 그런 이야기를 하였다. 처음엔 내가 이해하지 못하니까 그 몸짓이 무슨 뜻인지 설명해 주려고 하였는데, 내가 즉시 분개하며 몹시 불쾌한 표정을 지어 그런 종류의 말을 중단시키려 하자 그 이후로 조심해 주었다. 혹시 새로 온 포졸이 몸짓과 손짓을 써 가며 외설스러운 말을 할라치면 그들은 "그런 이야기는 하지 말게. 저 양반은 그런 이야기를 싫어한다네." 하면서 서둘러 주의를 주곤 하였다.

  내가 가장 많이 받은 질문은 주로 인사로 하는 말이어서 나는 백번도 넘게 그 인사에 대답을 해 줘야 하였다. 그들이 묻는 인사는 주로 "안녕하시오?", "몇살입니까?", "어느 나라 사람입니까?", "부모 형제는 있소?", "자식은 있소?" 등등이었고, 나도 그들에게 인사로 대답하느라 같은 질문을 하였다. 그러면 그들은 이어서 "조선엔 언제 왔습니까?", "누구와?", "어떻게?" 하고 묻는데, 그러한 분별 없는 질문들에는 꼭 대답해야 할 의무가 없었다. 내가 그들 가운데서 생활하는 내

내 그들은 온갖 종류의 질문을 해 왔는데, 그때 나눈 대화 내용을 모두 여기에 옮겨 적을 생각은 없다. 그들 중 몇 명은 총명한 질문을 하였고 내 답변에 귀를 기울였다. 하루는 내게 심각하게 묻기를, 혹시 올봄에 이 나라에 쳐들어올 일본인들을 내가 몰아내 줄 수 없겠느냐는 것이다.

이렇게 대화를 나누고 있는 동안에는 나는 수감자라는 느낌이 들지 않았다. 그러나 분명 나는 감옥 안에 있었고, 밤낮으로 나를 감시하고 있는 저 옥졸들에게서 벗어날 수 없었다.]

초기부터 나를 본국으로 송환한다는 말들이 있었고, 심지어 하루는 포도종사관[77]이 내게 이렇게 묻기까지 하였다.

"만일 너를 너희 나라로 돌려보내라고 한다면 어디로 너를 데려가야 하겠느냐?"

"당신들이 원하는 곳으로 데려가시오. 그러나 당신들도 알다시피 내가 원하는 것은 오로지 이것 하나이니, 내가 그리스도교 교리를 가르칠 수 있도록 나를 조선에 머물 수 있게 허락해 달라는 것입니다."

"그러면 너를 송환한다고 해도 너는 떠나지 않겠다는 것이냐?"

"만일 강제로 나를 돌려보낸다면 나야 당신들이 인도하는 곳으로 갈 수밖에 없겠지요."

"그러니 너를 어디로 인도해야 하는 것이냐? 만일 중국으로 인도

한다면 너는 어떻겠느냐?"

그때까지 나는 내 중국 여권에 대해서 말한 적이 없었는데, 왜냐하면 조선에서는 그것이 필요없다고 판단하였기 때문이다. 그러나 이제 그것을 드러낼 좋은 기회가 온 것이다.

"만일 나를 중국으로 돌려보낸다면 그리 곤란할 일이 없을 것입니다. 왜냐하면 내게는 요동 지역 전체를 여행할 수 있도록 허락받은 여권이 있기 때문입니다."

"그 여권을 좀 보자."

나는 그것을 내보였고, 그는 그것을 읽고는 별다른 관심을 보이지 않은 채 도로 돌려주었다.

"그것은 이 나라에서는 소용이 없는 것이다."

"그렇습니다. 여기서는 그것이 소용없다는 사실을 나도 압니다. 그래서 나도 지금까지 여권에 대해서 말을 꺼내지 않았던 것입니다. 그러나 중국에 가면 나는 이 여권으로 중국 관리들의 보호를 받을 수 있습니다."

그러나 그는 여권에 대해 꼼꼼히 검토한 다음에 즉시 상관에게 보고하였던 모양이다. 왜냐하면 다음 날 포도대장 편에서 사람을 보내 내 여권을 요구하였기 때문이다. 이 서류가 약간은 자극이 되었는지, 문초 때에도 이 여권에 대해 언급하기도 하였다. 그리고 나서 그들은 그것을 내게 돌려주는 걸 잊었다.

앞에서 이미 말한 것처럼 내가 체포되고 며칠이 지나서 두 재판관이, 즉 우포청과 좌포청의 재판관 두 명이 밀려나고 다른 이들로 대체되었다. 나는 우포청의 재판관을 한 번 만날 기회가 있었는데, 임[78]Him이라는 그가 한밤중에 나를 자신의 관사로 부른 적이 있었다. 그는 그 전날처럼 자신의 집무실에서 방문인 듯도 하고 창인 듯도 한 문을 열어 놓고 앉아 있었고 나는 포졸들과 함께 밖에 서 있었다.

질문의 내용들은 별다른 의미가 없는 것이었으니, 내 생각에는 나를 알아보려고 그리고 나를 한 번 더 보고 싶은 마음에서 불렀던 것 같다. 그가 물었던 내용 중에는 대략 이런 것들이 있었다.

"다른 신부들은 어디에 있는가?"

"모릅니다. 아마 그들은 보름 전쯤에 내가 체포되었다는 소식을 들었을 테니 어딘가에 가서 몸을 숨겼을 것인데, 그들의 피신처를 아는 사람은 아무도 없습니다."

"그게 맞는 말이지. 그들이 현재 어디에 있는지 저 사람이 알 수가 없겠지……."

그러고 나서 재판관이 물었다.

"그렇다면 그 당시엔 그들이 어디에 있었는가? 그들이 어디에 거처하였는가?"

"나는 그 질문에도 대답을 할 수 없습니다. 혹시 대답을 한다 해도, 당신들이 찾는 신부들을 그리 쉽사리 잡을 수는 없을 것입니다. 신부들은 피신하였고 그들의 은신처를 아는 사람은 아무도 없습니다. 뿐만 아니라 내가 공연히 무고한 사람들을 고발하고, 그래서 그 사람들에게 해를 입히는 그런 일들을 할 수도 없으며 하고 싶지도 않습니다."

"너를 어떻게 하였으면 좋겠느냐?"

"정부에서 어떤 결정을 내릴지 모르겠으나, 나으리가 물으시니 내가 바라는 바를 말하겠습니다. 내가 바라는 바는, 내가 조선에 남아 서울에 자리를 잡고 교리를 전파할 수 있도록 정부가 허락해 주는 것입니다. 교리가 나쁘지 않다는 것, 교리는 선을 행하라고 가르친다는 것을 당신들도 아주 잘 알고 있습니다. 천주교를 수계하는 이들은 마음에 평화를 지니고, 정직하며, 착한 백성들입니다. 그러니 우리에게 이 허락을 내려 주는 것이 정부로서도 득이 되는 일이 아니겠습니까?"

"그러나 만일 너를 돌려보낸다면?"

"나는 떠나는 걸 원하지 않습니다. 오히려 허락만 해 준다면 죽을 때까지 이 나라에 머물고 싶습니다. 더불어서 나는 많은 고아들과 버려진 아이들을 데려다가 양육하고 교육시키는 일을 맡아 할 것입니다."

"돈은 어디서 나는가?"

"프랑스에 있는 아이들이 내게 보낼 것입니다."

"그 아이들은 부자들인가?"

"큰 부자는 아니지만 관대하고 이웃을 사랑할 줄 아는 아이들입니다. 그리고 그 아이들은 조선의 아이들을 사랑합니다."

"왜 그렇게 손을 비비는가?"

"더운 방에 있다가 한밤중에 밖으로 나오니 추워서……."

"추웠던 게로구나! 그렇다면 이 사람을 데려가서 잘 대접하거라."

이렇게 말하고 나서 그는 나에게 주라며 포도부장에게 중국 과자 한 상자를 건넸다.

정부는 무슨 생각을 하고 있으며 무엇을 하고 있는 것인지 도무지 아무것도 이해할 수 없었으나, 다만 내각에서 내 문제에 대해 크게 망설이고 있는 것은 틀림없어 보였다.

나는 한 젊은 남자가 이렇게 말하는 소리를 들었다.

"어제 저녁에 포청에서 요란한 논쟁이 벌어졌는데, 두 대신이 화를 내며 서로 언성을 높였고 자정까지 합의를 보지 못한 채 그렇게 있더라니까."

"무슨 일로 그랬는데?"

어느 한 사람이 그에게 물었다

"양인洋人 일 때문이지."

그런데 그러한 일이 자주 일어났던 모양이었다. 즉, 한쪽에서는 나를 중국으로 돌려보내자고 하였고 또 다른 한쪽에서는 이와 반대로 나를 처형하기를 원하였던 것이다. 하루는 서원書員이 내게 이렇게 말하였다.

"당신 문제에 대해서 중국 정부와 의논하고자 중국에 특사를 파견하였으니 중국 정부가 결정하는 대로 우리가 행할 것이오."

또 다른 이들은 이렇게 말하였다.

"다른 신부들도 와야 결정을 내릴 것이니 당신이 그들을 부르든지 오라고 명령을 내리는 것이 좋을 것이오."

나는 언제나 포졸들과 함께 있었는데, 그들은 8명 내지 10명이, 때로는 20여 명이 서로 교대하여 왔다가 가곤 하였다. 포졸들은 아침 6시 내지 7시경에 와서 한밤중에 돌아갈 때까지, 웃고 놀고 고래고래 소리지르고 말싸움하면서 시간을 보냈다. 그것은 내게는 결코 작은 고통이 아니었다. 그들은 도무지 충분히 쉴 겨를을 주지 않고 끊임없이 말을 걸어왔고, 그래서 나는 묵상할 시간을 잠깐씩 간신히 만들 수밖에 없었으며, 그럴 수 있는 날엔 한밤중에 모자라는 기도를 보충하였다.

이러한 소란 속에서 언제나 지니고 있던 경본을 가지고 기도를 바치는 것은 얼마나 힘들었는지!

내 집에서 압류한 이러저러한 궤짝들을 포졸 숙소로 가져다 놓았는데, 많은 물건이 이미 내 집을 약탈할 때 사라진 것 같았다. 뿐만 아니라 이곳에서도 포졸 두목이 재미삼아 이 궤짝들을 열어 보곤 하였는데 그럴 때마다 그 자리에 있던 포졸들이 자기네 마음에 드는 물건들을 집어 가곤 하였으며, 심지어는 이것은 무엇이냐, 저것은 무엇이냐, 이것은 어디에 쓰는 것이냐, 저것은 무엇에 소용되는 것이냐 하며 내게 묻기까지 하였다.

하루는 한 포졸이 작은 십자가를 가져와서는 그것이 금으로 만들어진 것이냐고 물었다. 나는 그것이 주교가 가슴에 다는 십자가의 가로대라는 것을 알아보았는데, 원래 가로대 안에는 성유골이 담겨 있었다. 그날 이후 도금한 그 은십자가를 다시는 볼 수가 없었으니, 그가 그것을 부러뜨려 모두 불에 넣어 녹였던 모양이다.

또 한번은 포졸들이 비누 한 조각을 가져와서 그것이 무엇이냐고 물었다. 나는 그들을 즐겁게 해 주기로 작정하였는데, 작정대로 꽤나 성공을 거두었다고 믿는다. 왜냐하면 그들에게 거품을 일으키는 방법을 가르쳐 주었더니 모두가 서로 앞을 다투어 해 보았던 것이다. 관장들도 이에 빠질세라 종이 대롱 안으로 힘껏 숨을 불어넣어 비누 거품을 크게 부풀리고는 그것을 보며 놀라워하며 탄복하였다. 그들은 심지어 밖에 있는 친구들까지 데리고 와서 이 신기한 것을 구경시켜 주었다. 내 생각에는 그들이 각자 자기 몫의 비누 조각을 갖고 싶어하였던 것 같다. 많은 사람이 내게 비누 조각을 요구하였지만 그럴 수 없었던 것이, 내게는 비누가 없었다.

하루는 한 포졸이 내게 물었다.

"비누를 먹어도 되는 건가요?"

"안 돼요. 먹었다가는 탈이 날 수가 있어요."

내가 그에게 말하였다.

"아이쿠."

그가 덧붙였다.

"열 살 난 아들놈한테 내가 비누 한 조각을 주었더니 거기서 나는 향내를 맡고 그것이 떡인 줄 알고 먹고는 실제로 심하게 앓았다오."

나는 이 기회를 이용해서 그들에게 주의를 주었는데, 내 궤짝 안에 양약이 몇 개 들어 있는데 그 약의 용도를 잘 알고 있을 때는 몸에 이로우나 만일 그것을 가져다가 분별없이 사용할 때면 탈이 날 수도 있고 심지어는 그로 인해 죽을 수도 있다고 말해 주었다. 그러자 그들은 이렇게 말하였다.

"예. 하지만 포도주는…… 오! 얼마나 맛있는데요! 우리도 그건 잘 알지요."

"얼마나 독한지!"

다른 한 명이 말을 받았다.

"그거 몇 잔을 마셨더니 어찌나 취하던지, 이튿날에야 술에서 깨어나더라니까."

실제로 그들이 교구의 미사주를 모두 마셨던 것이다.

나는 감옥 생활 초기에는 학대를 받지는 않았다. 아침저녁으로 밥을 주었고 점심엔 죽 같은 것을 주었다. 그러나 의복을 갈아입을 수 없어서 벼룩과 이 때문에 고통스러웠다. 손과 얼굴을 씻을 약간의 물을 이따금씩, 그것도 아주 어렵게 얻을 수 있었다.

[포졸들은 내게 물을 줄 때면 발을 씻는 데 사용하였던 대야에 담아 주었다. 그러나 씻을 물 약간을 얻을 수 있다는 것만으로도 참으로 좋았다! 내게는 또 한 가지 난처한 일이 있었다. 손톱이 지나치게 길었지만 그것을 깎을 수가 없었으니, 왜냐하면 가지고 있던 주머니칼을 빼앗긴 데다 칼을 얻을 수도 없었기 때문이다. 내가 칼을 부탁하면 그들은 웃음을 터뜨렸다. 한번은 내가 위천(포교들 중의 한 사람)과 이야기를 나누던 중 그에게 손을 내보이며 손톱이 이렇게 길어 몹시 곤란을 겪고 있다고 설명하였다. 그러자 그는 웃음을 터뜨리며 "땅바닥과 돌에다 문지르게. 그러면 손톱이 닳을 터이니." 한다. 며칠 후 한 젊은 포졸이 나를 보고 "손톱이 상당히 길군요." 하기에 내가 대답하기를 "그래요. 칼이 없으니 손톱을 자를 수가 없었습니다." 하였더니, "칼이 없어요? 내가 하나 갖다 주리다." 하고는 칼을 하나 구해다 내게 주었다.

그때 다른 포졸들이 그것을 목격하고는 작은 소리로 그에게 "저 사람에게 칼을 주고 오면 안 돼. 그것은 금지일세." 하며 주의를 주었다. 그리고 그들 중 한 명이 말하기를, "그 큰 칼은 다칠 수가 있으니 내게 돌려주시오. 대신 가위를 줄 테니 그것이 훨씬 쓰기 편할 거요." 하였다. 나는 칼을 돌려주어야만 하는 상황이라는 것을 깨달았다. 나는 그들이 왜 그런 행동을 하는지 그 이유를 정확히 알지는 못한다. 들은 바에 따르면, 죄수들이 자살을 할까 봐 절대로 칼을 갖고 있지 못하게 한다는 것이다. 어쩌면 그들이 옳을지도 모른다. 하루는 내가 포졸 두목 두 사람과 같이 있었다. 두 사람은 방금 장기 한 판을 끝냈는데, 한 사람은 혼자 마작놀이를 시작하여 점수를 계산하는 데 몰두하고 있었고 다른 한 사람은 나와 이야기를 나누었다. 이야기 중에 내가 그에게 말하였다. "내 손톱 좀 보시오, 얼마나 긴지. 아주 불편해요. 심지어 손톱 몇 개는 부러졌소. 왜 손톱을 못 자르게 하는 거요?" 그러자 그가 자기 상관에게 물었다. "이 사람이 손톱을 자르고 싶다는데 칼을 줘도 될까요?" 그러자 여전히 마작을 늘어 놓는 데에만 정신을 팔고 있던 상관이 힐끗 쳐다보더니 "되고 말고, 아무 지장 없지." 한다. 마침내 나는 칼을 받아 들고 손톱을 자르려고 돌아앉았다. 그러자 그가 "괜찮소, 우리 앞에서 해도 돼요." 한다. 그래서 내가 대답하였다.

"우리나라에서는 고상한 분이 있는 자리에서 손톱을 깎는 행위는 예의에 어긋나기 때문입니다."

"아무 염려 마시오. 그런 건 나에겐 아무렇지도 않소."

이렇게 말하고는 그가 혼자 작은 소리로 이렇게 중얼거렸다. "저 양인들은 예의도 바르지! 매사에 저렇게 예의 바르게 행동하는데 우리가 저들을 야만인이라고 부르다니!" 어쨌든 나는 손톱을 깎고 아무 생각 없이 깎은 손톱 조각을 창 밖으로 던졌다. 그러자 부두목이 "저 것 좀 보시오. 저 사람이 손톱 조각을 밖으로 던지네." 하였고, 두목이 "그래, 그래. 나도 봤어." 하였다. 그들이 주목하는 것을 보고 떠오르는 생각이 있었으니, 그것은 다름이 아니라 넉넉하게 사는 대부분의 조선인들은 깎은 손톱 조각이나 자른 수염 등을 작은 주머니에 담아 보관한다는 것이었다. 그리고 그것을 가지고 있다가 죽으면 시신과 함께 관에 넣는 것이다. 그들이 놀라는 건 도덕적 조심성 때문이었겠지만, 나는 조선인이 아니었으므로 그들이 놀라건 말건 그들의 반응에 아랑곳하지 않고 내가 하던 방식대로 계속하였다. 또 한번은 역시 허락을 받고 손톱을 깎은 후에 손톱 조각들을 모아서 불에 던졌다. 그러자 나를 감시하고 있던 포졸들이 달려와 내 팔을 붙들며 "그러지 마시오!" 하였다. 하지만 때는 이미 늦었고, 나는 겁에 질린 그의 표정을 못 본 척하며 그런 것들을 불 속에 넣으면 왜 안 되는지를 물었다. 그러자 "오! 그러면 안 됩니다. 불행한 일이 생길 수 있거든요." 하고 대답하였다. 그것은 미신이었다. 불쌍한 백성, 그들은 온갖 종류의 미신에 둘러싸여 그 미신을 다 지킨다. 마찬가지로 집 지붕 위에 까마귀가 와서 울면 모든 포졸들이 걱정을 하였으며 그러다 두세 명이 급히 달려나가 그 흉조를 쫓아내곤 하였다. 나는 앞으로도 기회가 닿는 대로 그러한 종류의 미신 행위들에 대해서 서술할 것이다.

하루는 포졸이 와서 말하기를, "포도대장께서 당신이 그림을 그릴 줄 안다는 소식을 들으시고 조선인, 중국인 그리고 양인의 초상화를 한 장씩 그려달라고 하십니다." 하였다. 나는 처음엔 망설였는데, 왜냐하면 그림을 그리는 법도 몰랐을 뿐만 아니라 특히 무슨 함정이 있는 게 아닌가 하고 두려웠기 때문이다. 그러나 그가 고집하기에 나는 작업을 시작하였다. 조선인의 초상화는 쉽게 지나갔고 중국인도 쉬웠으나, 유럽인의 초상화는 약간 내 나름대로 독창성을 발휘해 그려서 포도대장에게 보냈다. 그랬더니 내 솜씨가 대단히 훌륭하다는 칭찬과 함께 감사의 말을 전해 왔다. 그 후로는 그림을 청해 올 때마다 거절해야 하였으니, 그것은 나의 명성을 지키기 위해서였다.

그 즈음에 나는 처음으로 어떤 놀이에 대해 듣게 되었는데, 그 놀이는 음력 설에 이어서 한 달 동안이나 계속되는 야만적인 놀이였다. 그러나 포졸들은 그 놀이에 대해 이야기를 하면서 경탄해마지 않았다. 그 놀이는 진짜 싸움이다. 200~300명으로 구성된 두 팀이 저마다 60

센티미터 길이의 굵은 몽둥이를 들고 서로 마주 보고 서 있다가, 시작 신호가 떨어지기가 무섭게 상대편을 향하여 돌격하여 몽둥이를 마구 휘두른다. 결국 한 팀이 항복을 선언하거나 도망가야 놀이가 끝난다. 이 놀이가 끝나면 턱과 어깨가 탈구되거나, 머리, 다리 그리고 팔이 부러진 사람들이 다수 생기고 심지어는 사망자도 나온다. 그야말로 글래디에이터(로마 시대의 검투사 시합)라고 말할 수 있는데, 사람들은 그 놀이를 서울 사람들의 가장 훌륭한 볼거리라고 말하며 자랑스럽게 여긴다. …… 내가 그런 싸움은 비도덕적이라고 지적하자, 그들은 "오! 그런 몽둥이질을 받아내며 승패에 용감히 맞설 용기를 지닌 사람은 오직 조선인들뿐이다."라고 대답하였다. 그 싸움이 너무 격렬하여 한번은 정부가 그 놀이를 금지할 수밖에 없었던 모양인데, 그러자 이틀 후에 그들은 서울의 성문 밖으로 나가 다른 구역에 가서 다시 시작하였던 것이다. "오! 만일 유럽인들이 이 놀이를 본다면 조선인들을 높이 평가할 텐데……. 우리나라 백성 같은 백성은 없을걸." 그들은 여전히 내게 그렇게 말하였다.]

4. 좌포청에서의 심문

나는 관군들이 받는 체벌 형태에 대해 알게 되는 기회가 여러 차례 있었다. 경비대에 고용된 관군들 가운데에는 항상 묵묵히 자신의 의무를 잘 완수하는 정직한 이들이 있는가 하면 줄곧 규율을 벗어나 아무 일도 하지 않는 이들도 있었으니, 태만은 이런 이들이 가지고 있던 가장 큰 악습들 중의 하나였다. 특히 두세 명이 기회가 있을 때마다 술을 마셔 취하지 않는 날이 없었고, 그중 특히 키가 크고 체구가 건장한 이는 거의 매일 술에 취해 들어와 자신의 임무를 수행할 수 없는 상태였다. 그러면 그 당시에는 그를 자게 놔두었는데, 그래도 그에게 차꼬는 채웠다. 그러고는 다음 날 대장이 그를 불러 곤장 석 대 내지 다섯 대 혹은 열 대를 맞으라는 체벌을 내렸다. 포졸들이 나보고 이 체벌이

가해지는 현장을 구경하라고 여러 차례 권하는 것을, 수형자가 불쌍하다고 동정하며 거절하였더니 그들은 내 말을 듣고 웃었다. 그러니까 나는 (체벌 현장을) 본 적은 없으며 들은 것이다. 대장은 비행을 저지른 관군을 동료들이 보는 앞에서 멍석 위에 눕게 한 다음 훈육을 하였다. 그다음에는 몽둥이, 아니 8피에[79] 길이나 되는 나무판을 들고 있던 사람이 다가와서 대장의 구령에 맞추어 형구를 치켜들어 죄인을 때리고, 수형자는 곤장을 맞을 때마다 비명을 질렀다. 그러면 다른 두 관군이 그의 비명소리를 가리기 위해 다른 음색으로 "아이유!", "오!", "아이!" 하고 소리를 넣었다. 매는 꽤 짧은 간격으로 이어졌는데, 그 사이사이에 대장은 여전히 짤막하게 그러나 점점 더 냉엄하게 훈육하였다. 곤장이 떨어질 때마다 두 관군은 더욱 소리 높여 추임새를 넣었고, 수형자는 더욱 크게 비명을 질렀다.

곤장을 치는 데에도 방법이 있어서, 관군들이 저희들끼리는 너그럽게 봐줄 줄도 아는데 그래서 종종 이 곤장이라는 것이 희극에 지나지 않을 때가 있다. 그러나 나는 곤장 10대를 맞고 살점이 심하게 묻어 나가고 의식을 잃었던 이들도 보았는데, 그들이 회복하기까지는 한 달이 걸렸다.

관청에 속해 있는 모든 관원들의 종교는 양반이나 관리들과 마찬가지로 공자를 공경하는 것이었다. 그들은 공자를 존경하고 칭송하며 찬미하고 그에게 제사를 지낸다. 그들은 공자를 모시는 것을 자랑스럽게 여기고 그 철학자에 대하여 무관심한 중국인들을 비난한다. 그들은 여러 차례 나에게 이렇게 말하였다. "우리에게는 공자의 가르침인 도가 있어서 다른 교리는 필요도 없고 원하지도 않는다."

공자에 관해 직접 논쟁에 들어가는 것은 소용없는 일이었고, 또 아무런 소득 없이 그들을 자극하기만 하였을 것이다. 그래도 나는 여러 차례에 걸쳐서 그들에게 공자의 도는 완전하지 못하며, 조상에게 제사를 지내는 것도 종종 희극comédie에 불과할 뿐이고, 그런 것들이 합리적이지 못하다는 점 등을 보게 해 주려고 노력하였다. 그런 말들은 모두 신중을 기해서 아주 조심스럽게 해야 하였는데, 왜냐하면 조선인들은 그 주제에 대해서 매우 예민하기 때문이었다.

그들이 가톨릭에 입교하도록 하기 위해서는 우선 그리스도교 교리를 설명해 주고 그들 스스로 교리의 아름다움과 증거 등을 보도록 놔두어야 할 것이지, 정면으로 그들의 도道를 공격해 봐야 그들을 설득시키지도 못한 채 그들을 모욕하는 격이 되고 만다. 그래서 나는 이렇게 덧붙이곤 하였다.

"당신들에게는 도道라는 가르침이 있다고 하지만, 백성에게는 그것이 없지요. 선비들은 공자를 공경하는데 그러나 백성들은 어떤 가르침을 따릅니까?"

"그건 그래요. 백성에게는 가르침이 없지요."

그들이 대답하였다.

"그것 보시오! 그러니까 우리가 백성에게 그리스도교를 가르치도록 놔두시오. 이 종교가 훌륭하고, 이 종교를 믿는 뛰어난 조선 선비들이 있다는 것을 당신들도 잘 알잖소."

"오! 대학자였던 누구누구가 그랬지."

그들이 말하였다.

2월 초와 3월 10일경, 벌써 두 차례에 걸쳐 서양 선박이 조선 해안에 나타났다는 기별이 있었다. 그것은 꾸며낸 이야기였을까? 그러나 어쨌든 백성들이 동요하고 긴장하였던 것은 사실이다. 4월과 5월에 또 그런 이야기가 들렸는데, 매번 이러한 소식은 떠들썩한 소문으로 번졌다.

3월 12일경 포도부장이 관졸 한 무리를 거느리고 도착하였다. 나는 그가 남부 지역에 출정하였다가 돌아왔다는 것을 알았는데, 틀림없이 신부들을 찾으러 갔다 왔을 것이다. 그들은 해안 가까이 선박들이 접근해 오고 있었고 주민들이 동요하였다고 확언하였다. 그들은 교인 세 명을 데리고 다시 신부들을 찾으러 갔지만 성공하지 못하였고, 그것 때문에 크게 불만을 품고 있었다. 그러면서 산적들이 들끓는 지역으로 침투해 들어가는 건 불가능하였고, 지역 포졸들도 거기에 뛰어들 엄두를 내지 못하였다고 자기들을 변호하였다. 사흘 뒤 내가 강도 높은 문초를 받은 것은 분명 그들이 그 불만을 내게 쏟아 부은 결과였으리라. 그때까지만 해도 그들은 나를 너그럽게 봐주어 왔고 그리 심하게 대하지 않고 있었으니 말이다.

3월 16일 아침, 나는 영문 모를 어떤 부산스러움을 느꼈으나 그런 종류의 일에 익숙해져 있던 터라 크게 신경 쓰지 않고 있었다. 그 당시 나는 작은 방에 갇혀 있었는데, 그 방문이 포도청 마당 쪽으로 나 있어서 반쯤 열려 있던 방문을 통해 포졸이 가마를 가져오는 것을 볼 수 있었다. 그리고 얼마 지나지 않아 포도부장이 와서 내게 말하였다.

"주교, 가마에 오르게."

"어디로 가는 겁니까?"

"그건 조금 있으면 알 터이니 어서 오르기나 하게."

내가 기도서를 가져가려 하니 그가 이렇게 말하며 그것을 막았다.

"그건 필요 없으니 여기에 놔두게. 그건 내가 맡고 있을 터이니."

그리하여 나는 경우에 따라서는 시구屍柩를 실어 나르기도 하는 이 보교 안에 들어가 앉았다. 두 사람이 보교를 메었고 포졸 두 명이 나를 호송하였다. 문을 나서는데 그들 중 누군가에게서 이런 탄식이 새어 나왔다.

"불쌍하고 복도 없다. 진작 제 나라로 돌려보내기나 하였더라면!

참으로 안됐네!"

우리는 여러 동네의 거리를 거쳐 가면서도 행인들의 호기심을 사지 않을 수 있었는데, 왜냐하면 내가 들어가 앉아 있는 가마 문이 닫혀 있어 아무도 나를 볼 수 없었기 때문이다.

이동하는 동안 어디로 나를 데려가는 것인가 하고 혼잣말을 해 보았으나 알 수는 없는 일이었다. 그러나 어떻든지 나는 앞으로 생길 어떤 일에도 준비가 되어 있었고, 오로지 하느님의 거룩한 뜻을 온전히 행하기만을 바라면서 나 자신을 주님의 섭리에 믿고 맡겼다.

큰 집 앞에 이르자 가마가 멈추었다. 대문이 열려 있어서 모두가 그리로 들어갔지만 나는 수인囚人이라 그곳으로 지나갈 수 없었고 따로 죄인들이 출입하는 작은 문을 통해 들어가야 했다. 그런데 문이 닫혀 있어서 기다려야 했다. 이윽고 문이 열리고, 우리는 넓은 마당으로 들어섰다. 그 마당은 큰 관사의 뜰이었으니 곧 법정인데, 그때는 그 집이 무엇을 하는 곳인지 몰랐다. 교꾼들은 나를 한쪽에 위치한 작은 방에 내려놓았다. 포졸들이 저희끼리 몇 마디 주고받는 소리를 듣고서야 나는 모든 상황을 이해하였다. 나는 좌포청으로 이감되어 와 있었던 것이다. 그런데 무슨 까닭으로?

일반적으로 법정을 바꿀 때는 송사를 더 신속하게 진행할 필요가 있을 경우이며, 그것은 곧 송사가 다른 국면으로 접어들었다는 것을 뜻한다. 그들이 나의 송사에 신경 쓰지 않은 지가 오래 되었기에 나도 판결이 나기를 바라고 있었다. 구류 기간이 연장되는 것만큼 지치는 일은 없다. 어떻든 나는 하느님의 가장 큰 영광을 위하여 그리고 영혼 구원을 위하여 모든 고통을 감내할 준비가 되어 있었고, 죽음까지도 각오가 되어 있었다.

포도청의 많은 관졸들이 나를 보러 왔는데, 그중 몇몇은 우포청에서 이미 본 적이 있는 사람들이었다! 그렇다고 그들에게 나의 사정을 물어보았자 소용없는 일일 터였고, 만일 물어본다 할지라도 대답을 얼버무리거나 아니면 거짓으로 대답을 하였을 것이 뻔하였다. 가장 좋은 방법은 그들끼리 주고받는 말을 듣는 것이었다. 실제로 그들끼리 하는 말을 듣고 사정을 파악하였는데, 좌포청과 우포청의 두 포도대장이 모여 내 송사에 대해 연석 재판을 열고 평결을 내린다는 것이었다. 나는 주님께 기도를 드렸다. 부디 저를 도우시고 저의 입에 지혜로운 말을 넣어 주시어, 그 오래 전부터 수많은 고난과 시련을 겪어 오고 있는 이 불쌍한 선교지에서 성교회의 선익을 위하여 제가 성령에 따라 답변을 하게 해 주십사고.

내가 앞날이 어떻게 되리라고 내다볼 수 있었겠는가? 나를 조선에 머물러 있도록 허락할 것인가? 지금까지 일어났던 일들을 고려하였을 때 그것은 불가능한 일이었다. 그렇다면 그들이 진작에 지니고 있던 의향대로 나를 중국으로 돌려보낼 것인가? 그것은 성교회로서는 가장 탐탁지 않은 결과였다. 게다가 내가 들은 말에 따르면 중국 송환도 가망이 없었다. 그렇다면 마지막 추측으로, 나를 사형시킬 것인가? 그것이 가장 가능성이 있어 보였으니, 나는 며칠만 더 고통을 겪고 나면 드디어 이 생의 고단함에서 벗어나 영원히 하느님을 뵈올 복락을 기대해도 되는 것이었다!

이런 위급한 상황에서는 주님의 은총이 부족한 법이 없으니, 이 도우심에 기대자 나는 힘이 생기는 것을 느꼈다. 나는 우리 주님과 성모님께 간구하였고 나를 온전히 하느님의 손에 맡겼다. 내가 있던 곳은 떠들고 소리치고 웃고 담배 피우는 포졸들로 가득 차 있었고 또 그들이 묻는 말에 대답을 해야 하였기 때문에 조용히 정신을 가다듬을 수 있는 장소는 못 되었다. 거기서 한참을 기다리니 드디어 두 포도대장이 나를 데려오란다는 기별이 왔다.

나는 즉시 일어났다. 포졸들이 서둘러 나를 넓은 마당으로 데려가서는 형리에게 나를 넘기는데, 형리는 손에 붉은 오랏줄을 들고 있었다. 붉은 오랏줄은 중죄인, 도적, 살인범 들을 결박하는 데 쓰이는 밧줄이다. 그 길이는 두 발[80]쯤 되고, 밧줄 한 끝에 동으로 만들어진 용 형태의 장식품이 붙어 있으며 또 같은 금속으로 만들어진 12개 정도의 방울 내지 고리들이 밧줄에 끼워져 있었다.

형리는 나를 적당히 살살 붙잡고는 자기 임무대로 나를 결박하기 시작하였다. 오랏줄을 양 어깨 위로 넘겨 가슴에서 교차시켜서 등 뒤로 결박하고는, 용 꼬리 모양을 하고 있는 오랏줄 끝부분을 자기 손에 쥐었다. 말에 마구를 달 듯 이렇게 괴상한 차림을 시키고는 나를 앞장세워 문초가 이루어지기로 되어 있는 장소로 갔으니, 그곳까지는 겨우 몇 걸음 거리였다.

내 생각에 일반인들에게는 재판을 구경하러 들어오는 것이 허용되지 않았던 것 같으나 호기심에 온 관군들과 관원들은 많이 있었다. 우리는 열을 지어 서 있는 포도청의 하급 관원들 사이로 걸어 나갔는데, 오른쪽에 30여 명이 있었고, 왼쪽에도 그만큼의 사람이 있었다. 그들은 흰색 바지에 검푸른 저고리를 입고, 모두들 팔뚝만 한 두께에 길이가 8척$_R$이나 되는 붉은색의 어마어마한 몽둥이를 가지고 있었다. 형리들이었다.

법정 마당 한가운데 깔아 놓은 거적자리 위로 가자 나를 멈춰 세웠다. 내 앞과 양옆에 포도부장들이 서 있었는데, 내 왼쪽에 있던 우포청의 포도부장들은 내가 아는 사람들이었다. 서원書員들은 포졸들 한가운데 자리를 잡고 기록할 채비를 갖추고 있었다. 내가 서 있는 곳 정면 안쪽으로 열 걸음 거리에 방이 있었는데, 그 방에 좌포청과 우포청의 포도대장 둘이 비단 베개에 기대어 꽃자리 위에 앉아 있었다. 두 포도대장은 위엄 있는 정복을 입고 있었다. 그들이 쓴 보네 혹은 미트르라고 할 수 있을 모자는 거칠고 뻣뻣한 천으로 되어 있었고 양쪽으로 장식을 늘어뜨려 달고 있었다. 푸른색의 비단 도포는 거북의 등껍데기 혹은 보석들로 화려하게 장식된 허리띠로 여미게 되어 있었다.

우포청 포장은 임$_{Him}$이며[81] 그와는 구면이었다. 그는 얼굴이 동그랗고 희색을 띠었으며, 나이는 40에서 50 사이로 보였다. 좌포청 포장 이경하는 베르뇌 주교를 비롯해서 우리의 동료 선교사들을 심문하였던 재판관으로, 1866년에서 1868년까지 수많은 신자들을 처형시킨 것으로 이름이 널리 알려져 있었다. 나이는 60세 정도 되어 보였고, 눈은 호랑이 눈처럼 부리부리하였으며, 엄격하고 사나워 보이는 길쭉한 얼굴에, 사람을 경멸할 것 같고 잔인한 성격을 지녔을 법한 관상이었다. 그는 결코 웃는 법이 없었고 어떤 탄원이나 의견도 듣는 법 없이 자기 혼자서만 결정하기를 원하였다.

포장들은 앉아 있고, 보좌관들은 모두 서 있는 채로 두 대장의 명령을 기다렸다. 사실은 좌포장의 명령을 받아 집행할 태세를 갖추고 있었다고 말하는 것이 오히려 정확할 것인데, 왜냐하면 좌포장 혼자 발언하고 혼자 명령을 내려서 우포장이 좌포장의 보조에 불과한 것처럼 보였기 때문이다.

이렇게 그 자리에 끌려온 내가 주위 사람들을 전부 힐끗힐끗 둘러

보며 그대로 서 있었더니, 포졸들이 내게 소리를 질렀다.

"무릎을 꿇어라."

나는 그대로 서 있었다. 그러자 사방에서 포졸들과 형리들이 고함을 지른다.

"무릎을 꿇어라, 꿇어!"

나는 여전히 움직이지 않았다. 포장이 이 모든 소란한 광경을 보고만 있다가 그제서야 내게 말하였다.

"네 편할 대로 앉아라."

그러자 사방에서 포졸들과 형리들이 마치 그 명이 자기들 것인 듯이 미소를 띤 얼굴로 내게 말한다.

"앉아라, 앉아라."

내가 조선 풍속을 따라 거적자리 위에 책상다리를 하고 앉으니 문초가 시작되었다.

"네 이름이 무엇이냐?"

"나는 이복명입니다. 조선말로 복은 행복, 기쁨, 만족을 뜻하고, 명은 빛, 밝음을 뜻합니다. 즉, 이름 두 글자는 나의 세례명인 펠릭스 클레르를 번역한 것이고, 이Ni 혹은, 같은 말이기는 하지만, 리Ri는 나의 성에서 첫 음절을 따온 것입니다."

"네 나이는 몇이냐?"

"마흔아홉입니다."

이것은 조선식으로 해를 계산한 것인데, 조선말로 대답해야 하니 이렇게 나이를 말해야 하였다.

"무슨 생이냐?"

"경인생(1830)입니다."

그들은 계산을 해 보더니 다시 말을 이었다.

"그래, 마흔아홉이 맞는구나. 조선엔 언제 들어왔느냐?"

"음력 7월에 들어왔습니다."

"조선에 있는 다른 신부들은 누구누구냐?"

"넷이 있습니다."

이미 오래전부터 그들은 신부들이 있는 것을 알고 있었고, 종종 신부들의 이름까지 대며 내게 신부들에 관해 말하였기 때문에 나는 그대로 대답하였다.

"다른 신부들은 어디에 있느냐?"

"감옥에 들어와 있는 두 달 동안 소식을 듣지 못하였으니 그들이 어디에 있는지 내가 어떻게 알 수 있겠습니까?"

"너는 누구와 같이 (조선으로) 들어왔느냐?"

"만일 내가 그 정보를 주면 여러 사람이 고통을 받을 터이니, 어떻게 들어왔다는 것도 또 누구와 함께 들어왔다는 것도 말할 수 없습니다."

이렇게 대답하고 있을 때 포장이 고갯짓을 한 번 하였는데, 무슨 이유로 그렇게 하였는지 내내 알아낼 수 없었다.

"네 나라는 어디냐?"

"불란사Poul-lan-sya입니다."

"써 보아라."

내게 종이와 붓을 주라고 하니, 나는 조선어로 불란사라고 쓴다. 포장이 보고는 말한다.

"그것을 네 나라말로도 써 보아라."

나는 'France'라고 썼는데, 그때 가슴속에 구름 한 점이 드리워지는 게 느껴졌다. 아! 가여운 나라, 프랑스! 그리고 동시에 자부심을 느꼈다.

"네 나라에서 너는 벼슬이 있느냐?"

"나는 아무런 벼슬도 없습니다. 나는 아무런 관직도 행사하지 않습니다."

"네 나라로 돌아가면 네 나라 정부에서 네게 큰 직책과 높은 벼슬을 주지 않겠느냐?"

"내가 조선에 들어올 때 나는 조선에서 살고 조선에서 죽기 위해 들어왔습니다. 나는 죽을 때까지 이곳에 머물 의향을 품고 왔습니다. 비록 내가 내 나라로 돌아간다 해도 나는 거기서 어떤 벼슬도 얻지 않을 것입니다."

"내게 네 여권을 보여주었는데, 너는 그것을 어디서 얻었느냐?"

"북경 정부로부터 얻었습니다. 체포되는 일 없이, 아무런 염려 없이 자유로이 이동할 수 있도록 북경 정부에서 모든 신부들에게 여권을 줍니다."

"위에 찍힌 인印은 누구의 것이냐?"

"내 생각에 그것은 중국 정부의 관인官印인 것 같습니다."

"그 인은 예부의 인印인가 아니면 다른 부서의 인印인가?"

"나도 그것은 알 수가 없으니 답변할 수가 없습니다."

"네가 중국 정부에 그것을 청하였느냐?"

"아닙니다. 북경에 주재하는 프랑스 대사가 나를 위해 청하였습니다."

"그 대사 이름이 무엇이냐?"

"루이 드 제오프루아Louis de Geofroy입니다."

"누구라고?"

"루이 드 제오프루아입니다."

그때 그 자리에 참석한 사람들이 모두 귀를 기울이더니 그 이름을 되뇌어보려고 하는데, 내가 들은 소리 중에서는 입술을 뾰족하게 조이고 얼굴을 찌푸리면서 '우니 테 소포아'라고 한 것이 가장 솜씨 있게 말한 것이었다. 나는 각각의 음절에 힘을 주며 다시 한 번 반복하여 말하였다. 포도대장도 그 단어를 한번 발음해 보려고 애썼으나 성공하지 못하였는데, 아마 더 고집하였다가는 체면만 잃었을 것이다. 그러나 다른 이들은 온 힘을 다해서 그 발음을 해 보려고 해서, 나는 여러 차례 더 반복해 말해 주었다. 그러나 결과는 여전히 똑같았다. 나는 웃음을 참을 수가 없었다. 그리고 이 이름이 프랑스어라서 조선어 이름과는 다른 소리를 가지고 있는 것이라고 설명해 주었다.

"그런데 너는 조선말을 잘 발음하는구나!"

"먼저 아뢸 말은, 나도 조선어를 잘 발음하지 못한다는 것입니다. 그러니까 나으리들도 내가 하는 말을 가끔 알아듣기 힘들지 않습니까? 그리고 나는 공부도 많이 하였고 연습도 많이 하였습니다. 처음에는 나도 발음할 수 없는 말들이 있었습니다."

잠시 끊겼던 문초를 포장이 다시 이어 갔다.

"처음에 조선에 들어왔을 때는 들어왔다가 나가더니 어떻게 다시 들어왔느냐?"

"배가 항해하던 중 갑자기 풍랑을 만나 어떤 항구로 피신해 갔다가 풍랑이 지나가자 다시 항해를 하였습니다. 그렇게 해서 들어왔습니다."

포장은 낮은 소리로 이렇게 말하면서 웃기 시작하였다.

"오! 그것을 물어본 것이 아니다. 너는 무엇을 하러 조선에 왔느냐?"

"훌륭한 교리를 전하러 왔습니다."

"어떤 교리냐?"

"하늘의 주인이신 분(하느님)을 공경하는 법을 가르치는 천주교입니다.

"천주는 누구냐?"

"하늘과 땅의 창조주이시며, 우리 모두의 조상인 첫 번째 사람을 창조하신 분도 바로 그분이시니, 사람이면 누구든지 제 부모를 공경하는 법이거늘 하물며 만인의 아버지이신 천주를 공경하는 것은 마땅합니다. 더욱이 만물을 다스리는 분도 바로 그분이시고, 만물의 주인도 바로 그분이십니다."

"누가 일찍이 천주를 보았더냐?"

"천주께서는 사람에게 말씀하셨고, 모든 사람이 지켜야 할 십계를 주신 분도 천주께서 직접 하신 것입니다. 그뿐만 아니라 천주 계심의 증거는 어디에나 있으니, 나으리도 보았을 그리스도교 서적이 그 증거들을 많이 제시해 줍니다."

"그 교리가 훌륭한 점은 무엇이냐?"

"그 교리는 무엇보다도 천주를 사랑하고, 모든 사람을 제 몸같이 사랑할 것을 가르치고, 선을 행하고 악을 피하며 성性 풍속을 억제할 것을 가르치고, 죽은 뒤 천국에서의 영원한 복락에 대한 희망을 가지고 이 생의 수고를 참을성 있게 견디는 것을 가르칩니다."

"죽은 뒤에 네가 어디로 가겠느냐?"

"사람은 저마다 죽은 뒤에 천주 앞으로 가서 사는 동안 행하였던 선이나 악에 대해 심판을 받으며, 선한 이들은 천국으로 가고 악한 이들은 지옥으로 갑니다."

"그래서 너는, 너는 어디로 가겠느냐?"

"자기 자신에 대해서 대답할 수 있는 사람은 아무도 없습니다."

"그러니까, 너는 어떻게 생각하느냐? 너는 어디로 가기를 바라느냐?"

"천주의 자비를 빌려 천국으로 가기를 바랍니다."

"너는 죽는 것이 두렵지 않느냐?"

"사람은 누구나 죽음을 두려워합니다."

"그래서 지금, 만일 너를 처형하겠다고 한다면 너는 무섭지 않느냐?"

"내가 무서운 것은 한 가지뿐이니, 그것은 죄뿐입니다. 만일 지금, 여기서 나으리가 천주의 명분을 위해 나를 죽여도 나는 하나도 무섭지 않습니다."

"그래서 너는 어디로 가느냐?"

"천국에 계신 천주의 면전으로 갑니다."

"얼마 동안이나?"

"영원히 있습니다."

"그러나 육신은 땅속으로 가지 않느냐?"

"그렇습니다. 육신은 땅속에 묻혀 그곳에서 썩을 것입니다만, 영혼은 죽지 않습니다. 죽지 않을 뿐더러 어느 날엔가 육신은 모두 부활하여 영혼과 결합해서 부활 전에 영혼이 있던 곳으로 가서 그렇게 영원히 함께 있습니다."

내가 이 마지막 답변을 하는 동안 포장은 얼굴을 찌푸리고 측은하다는 듯이 미소를 지었다.

"그만 됐으니, 그를 데려가라."

그는 멸시하는 듯이 그렇게 말하였다.

내가 몇 걸음 물러 나오는데, 나를 다시 부른다. 두 포장이 내 옷소매를 팔꿈치까지 걷어 올리라고 명하고는, 내 팔을 자세히 살펴보더니 자기들끼리 서로 미소를 나누었다. 내 생각에는 그저 내 팔의 피부색을 보고 싶었거나, 어쩌면 내가 힘깨나 쓰게 생겼는지 보고 싶어서 그랬던 것 같다. 마침내 형리들이 나를 데려가서 붉은 오랏줄을 걸어 내며 나를 풀어 주고는 경비대로 데려가니, 그곳 포졸들이 와서 나를 에워싼다. 두 포장은 밤이 꽤 깊도록 토의를 하고 있었고 두 포장을 기다리고 있던 수행원들이 모든 방들을 가득 차지하고 있어서 쉴 만한 곳을 찾기가 어려웠다. 그런 상황 속에서도 나는 잠이 몰려왔다. 떠들썩한 소리와 고함 속에 묻혀 있으면서도 다리를 조금 뻗을 수 있게 되자 마침내 나는 벽에 머리를 기대고 깊이 잠들었다.

토의 결과는 어떻게 되었을까? 결과를 미리 예측하는 것은 어려웠다. 내가 방금 받고 들어온 문초는 뜻밖의 것이었는데, 바깥에 차려 놓은 형구들을 보고 무언가 훨씬 신랄한 문초가 있을 것으로 예상하였기 때문이다. 그리고 혹시 난처한 몇몇 질문들이 나올까 걱정하였는데, 그들은 1866년에 있었던 프랑스군의 출병에 관해서조차도 아무런 언급을 하지 않았다. 나는 아마도 곧 토의 결과가 나와 판결문이 내려질 것이라고 생각하였다. 그러나 그것도 헛된 희망이었으니, 그 당시 조선 정부가 내 문제를 놓고 아주 곤란한 처지에 있었다는 것을 나중에야 알았다.

어떤 이들은 선례를 따라 나를 사형에 처하기를 원하였지만 국왕을 비롯한 다른 파가 주저하였는데, 조선 해안에 빈번하게 출현하는 서양 배가 무서워서 나에게 사형 선고를 내릴 수 없을 거라고 장담하는 사람까지 있었다.

또 다른 이들은 이렇게 말하였다.

"그는 올바른 사람이다. 그가 우리를 속인 적도 결코 없고 악행도 저지르지 않았으니 그를 제 나라로 돌려보내는 것이 훨씬 나을 것이다. 그러면 우리는 전쟁을 두려워하지 않아도 된다. 그런데 신자들이 신부들을 찾으러 가고 조선으로 데려오니 신부들이 조선에 오는 것을 막으려면 신자들을 모조리 죽여야 한다."

포도대장 이경하는 이러한 조치에 동의하지 않았다. 그는 박해를 해서 천주교를 뿌리째 뽑는다는 것은 불가능한 것이라고 언명하였다고 한다. 그는 "신자들의 수가 너무 많고 방방곡곡에 퍼져 있어서 (박해를 한다 해도) 여전히 남아 있을 것이다. 그러니 그들을 죽이는 일을 다시 시작하는 것은 아무짝에도 소용없는 일이다."라고 말하였을 것이다.

또한 대원군도 나의 일에 관여하고 싶어하지 않았다고 한다. 1866~1868년과 그 밖의 박해를 떠올리고 우리에 대한 반감을 부추기기 위해서 대원군을 찾아간 옛 친구들에게 대원군은 이렇게 대답하였다. "그것은 나와 상관없는 일이며 또 나는 아무런 권한도 없다." 그리고 이어서 덧붙이기를, "그러나 이 일에 대해서는 눈감아 주고, 이 양인은 조용히 놔두는 게 훨씬 나았을 것이다. 조정에서 그를 두려워할 이유가 전혀 없는데, 오히려 그를 처형하면 그의 나라 정부와 자청하여 문제를 초래하는 격이 되고, 그를 본국으로 돌려보냈다가는 공연히 적을 하나 만드는 격이 되는 것이다." 나는 또 민비가 이 일에 관여하면서, "그는 무고한데 왜 사형을 하겠느냐. 만일 무고한 자를 죄인 취급하여 처형한다면 내가 어떻게 내 자식들을 키우겠느냐?"라고 말하였다는 소리를 들었다.

[이 모든 소문들의 확실성 여부야 어떻든 간에 이것은 정부가 어떻게 결정을 내려야 할지 갈피를 못 잡고 있다는 것이니, 이렇게 결정을 내렸다가 다시 저렇게 결정을 바꾸며 망설이고 있었다. 문초를 받은 후 나는 감옥 바로 옆에 있는 포졸들 숙소에서 머물렀고 그러면서 옥졸들의 면면을 알게 되었다. 그들은 상냥함과는 거리가 먼 사람들이었고, 누구보다 위선적이며 교활하고 거짓말을 잘하는 사람들이었다.

자신의 생각을 완전히 위장하고, 자신이 생각하는 바와 완전히 반대되는 말을 하며, 잘못된 것인 줄 빤히 알면서 상대방에게는 그렇지 않다고 맹세를 해 가며 마음을 안심시키는 그런 사람들과 함께 살아간다는 것이 얼마나 어려운지 상상조차 하기 힘들 것이다. 그러나 그것이 나의 처지였다. 하지만 나는 그러한 잔꾀에 익숙해져서 그들이 내게 하는 말을 더는 믿지 않게 되었다. 그들이 저희들끼리 말할 때는 또 달랐으니, 그때는 작은 소리로 속삭이곤 하였다.]

5. 이감移監 그리고 나의 동반자들

어느 날, 그러니까 3월 19일에 옥졸이 서한을 하나 받았는데, 포졸들이 그것을 서로 돌려 읽더니 깜짝 놀라서 저희들끼리 수근거렸다. 물론 그것은 나에 관한 것이었고, 예상하지 못한 기별이었다. 옥졸은 매일 바뀌었는데, 그날 저녁에도 새로운 옥졸이 왔다. 그는 즉시 지급 통신문의 내용을 보고받았다. 그리고 깜짝 놀라며 말하였다.

"저런, 오늘 아침까지만 해도 별다른 얘기가 없었는데, 또 마음이 바뀌었나 보군. 알 수 없는 일이야. 그 통신문을 가져와 보게."

포졸이 서한을 가져다 주자, 그는 그것을 읽고 난 뒤 물었다.

"언제 이것을 받았느냐?"

"서한은 오후에 도착하였습니다."

"참으로 기이한 일이다. 조금 전까지만 해도 내게 정반대의 명령을 내리더니. 아무튼 이 명령대로 하여라."

얼마 지나지 않아서 포졸 한 명이 와서 아주 난처한 표정으로 내게 말하였다.

"당신이 여기서 조용히 지낼 수 없다고, 당신을 조금 덜 시끄러운 곳으로 이감하라는 포장의 명령이 내렸소."

"나를 어디다 넣을 것이오? 어느 쪽이오?"

"저기 저쪽이오."

"거긴 도둑들과 함께 있는 감옥 아니오?"

"오! 아니오."

"나 혼자 있게 되오?"

"아뇨. 내가 같이 갈 것이오."

그제서야 나는 도둑들이 갇혀 있는 곳으로 알고 있던 그 감옥을 말하는 것이 아니라는 것을 확실히 알게 되었다. 나는 적어도 결말을 향해 한 걸음 더 나아간 것이라고 생각하였다. 그 당시에는 거기서 오래 있을 거라고 예상하지 않았다.

저녁이 되자 과연 옥졸이 내게 말하였다.

"아까 말하였던 옥간(獄間)으로 당신을 데려갈 것이오."

포졸 하나가 앞장을 섰다. 그리고 작은 문을 열고 마당으로 들어섰다. 나는 그곳이 감옥 마당일 것이라고 판단하였다. 나의 판단은 틀리지 않았는데, 그는 내가 놀랄 것을 걱정하고 나를 배려하는 마음에서, 쇠줄 소리를 내며 무겁게 열리는 큰 문으로 들어가는 것을 피하게 해 주었던 것이다.

한 옥졸이 우리 앞에 나타나서 독방 하나를 가리키기에 우리가 그 장소로 향하자 또 다른 옥졸이 "아니오. 이쪽이오."라고 말하였다.

우리가 발걸음을 돌려 그리로 들어가니, 거기에는 세 명의 죄수만이 있었다. 내가 막 내 자리를 찾으려고 준비를 하자 옥졸 두목이 와서 말하였다.

"아니오. 여기가 아니고 옆 간이오."

지시에 따를 수밖에 없었으니 포졸이 여전히 나를 인솔하였고, 간수인지 졸개 옥졸인지가 나를 자기 두목이 가리킨 감옥으로 들여보냈다.

이게 어떻게 된 일인가! 내 눈에 처음으로 들어온 사람은 이미 오래 전에 죽은 줄로만 생각했던 집주인 최 요한 노인이었다. 나를 보면서 그도 나 못지않게 크게 기뻐하였다. 그러나 내가 말을 걸어도 거의 대답을 하지 않았으니, 나는 그것을 어떻게 생각해야 할지 몰랐다.

옥졸이 내게 내 자리가 될 곳을 가리켰고 다른 수감자들은 내게 자리를 내주어야 하였으니, 그렇게 하기 위해 그들 중 한 명이 일어나서 세 걸음을 이동하였다. 그런데 갑자기 옥졸이 그를 보고는 손에 들고 있던 몽둥이로 곧장 한 대를 내리쳤고, 불쌍한 남자 입에서 "윽!" 하는 소리가 새어 나오자 두 번째, 세 번째 몽둥이질이 이어졌다. 나는 분노에 차 있는 이 난폭한 사람을 애써 진정시켰다. 그는 큰 잘못도 저지르지 않은 불쌍한 사람을 아무런 이유도 없이 그토록 야만적인 방법으로 다스리고 있었던 것이다. 그러나! 그 후로 내가 수차례 보아야 했던 것에 비하면 그것은 아무것도 아니었다.

포졸은 물러갔고 옥졸도 갔다. 나는 여전히 요한 노인에게 질문을 해 봤으나 그는 전혀 대답을 하지 않았다. 그러다가 마침내 그가 말을 하였다.

"여기 있는 우리 모두가 신자들이지만 안쪽에 있는 저 노인만 비신자입니다. 저 노인은 우리를 감시하려고 여기에 있는 것 같습니다. 그러니 말을 할 수가 없으며 특히 천주교에 대한 말은 할 수 없습니다."

나는 즉시 그가 염탐꾼일 것이라는 생각과 이곳의 규칙을 위반하지 않는 것이 제일 우선책이라는 생각이 들었다. 그래서 이 감옥 안에서의 규칙이 어떠하며 해야 할 일이 무엇인지 등등에 대해서 순진하게 물었더니, 비신자 노인이 내 말을 듣고 쉰 목소리로 말문을 열었다.

"규칙은 무슨 규칙? 거적 위에 앉아서 조용히 있는 거, 그게 규칙이오."

나는 이 구체적인 정보를 따라 내게 일러 준 자리에 앉았고, 심지어는 장궤長跪를 하고 기도를 할 수도 있었다. 그리고 잠이 들었다.

다음 날 날이 밝기 전에 잠에서 깨어나 보니, 요한 노인이 벌써 기도를 시작하여 아직 어두운 새벽을 이용해서 깊은 묵상에 들어가 있는 것이 보였다. 다음 이야기로 넘어가기 전에 감옥에 대해서 간단히 둘러보도록 하자.

죄수들은 주로 세 부류로 나뉜다. 도둑, 채무 죄수 그리고 우리 같은 신자들, 이렇게 세 부류인데, 옥 안에는 신자들이 대다수였다. 이 세 부류의 죄수들은 각각 다른 간을 차지하고 있었다.

그중 도둑들의 처지는 가장 비참하였다. 대략 30여 명이 있었는데, 밤이고 낮이고 발에 차꼬를 차고 있으니 모두 병에 걸린 상태였다. 옴이 온몸에 올라 상처 부위가 썩어 들어가고 있었다. 그들은 굶주림으로 고통을 받고 있었고, 뼈와 가죽만 남아 있었으며, 몇 명은 뼈에 가죽을 입혀 놓았다고밖에 말할 수 없는 상태였다. 낮에 바깥에 나갈 수 있다는 허락이 떨어져도 그들은 간신히 몇 걸음 옮기는 게 고작이었다. 이는 사람이 상상할 수 있는 광경 중에 가장 끔찍한 광경이니, 그것이 어떤 것인지 짐작이라도 하려면 이러한 비참함을 일찍이 목격하였어야 한다. 그들에게 고통을 주고 그들을 정신적으로 지치게 하기 위해서 할 수 있는 것들을 모두 한다. 그들에게는 잠을 자는 것도 금

감옥 구조도

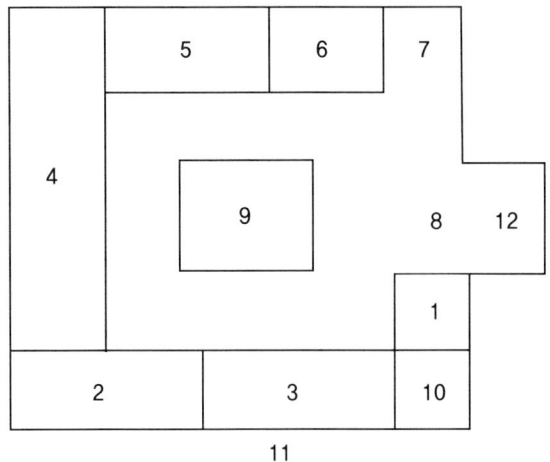

1과 10 : 포졸들 숙소. 포교 두목은 사흘마다 교체된다. 창 하나가 감옥 마당을 향해 나 있고 이 창은 문으로도 사용된다.

2 : 일반 죄수들 감방. 우리가 수감되어 있는 곳이 바로 이곳이다.

3 : 채무 죄수들이 수감되어 있는 곳

4 : 도둑 죄수들 감방

5 : 평소에는 비어 있으나 수감자가 죽으면 시체를 이곳에 둔다. 교수형에 쓰는 형구들이 있는 곳도 바로 이곳이다.

6 : 물건들 두는 방

7 : 변소 : 나무 판자 두 개, 악취를 풍기는 구멍, 끔찍한 그 무엇!

8 : 부엌

9 : 악취를 풍기며 썩은 물이 고여 있는 웅덩이

11 : 여기에는 큰 가옥 한 채가 있는데, 그곳이 법정이다.

12 : 감옥 출입문

지되어 있었다. 밤중에 옥졸들은 굵은 몽둥이를 들고 그들을 감시하는데, 만일 졸음과 피로에 빠져 누군가 졸기라도 하면 즉시 몽둥이로 등과 다리와 머리를 후려쳐서 그를 깨운다. 종종 술에 취해 있는 이 광포한 사람들이 불쌍하고 불행한 이 죄수들에게 가하는 몽둥이질 소리를 밤새 몇 차례나 들었는지 모른다. 그러다가 그 야만인들의 몽둥이질 아래 오직 한 오라기 붙어 있던 불행한 죄수들의 숨이 끊어지는 일도 종종 벌어진다!

죄수들은 밤낮으로 이유 없이 아주 작은 구실을 대서라도 심하게 두들겨 패기를 즐기는, 사람이라기보다 맹수에 가까운 이 존재들에 완전히 예속되어 있었다. 그러나 이 맹수와 같은 존재들은 이런 경우에도 처벌을 받지 않는다는 것을 보장받고 있었으니, 그들이 주인이었기 때문이다.

도둑 죄수 한 명이 죽으면 그가 병사하였다고 보고하고, 죽은 죄수를 시체실에 치워 둔다. 그러면 다음 날 밤에 쓰레기 담당자들이 시체를 들어다가 성곽 밖에 있는 숲 속에 내다 버린다.

도둑 죄수들이 갇혀 있는 감옥이야말로 지상에 존재하는 지옥의 상 가운데 가장 강한 인상을 풍기는 상일 것이다. 죄수들은 여름이나 겨울이나 거의 벌거벗고 있었다.

[어떤 이들은 거의 벌거숭이 상태이며 바깥출입을 해야 할 때면 다

썩은 헝겊 조각을 마치 허리띠처럼 둘러 허리와 엉덩이만 가리고 나간다. 감옥 안에서 어떤 수감자들은 겨울에도 여름처럼 알몸으로 지낸다. 그나마 조금 남아 있는 옷을 걸치고 있던 사람들도 빨아 입을 수가 없다. 손과 얼굴을 씻을 물을 조금도 얻을 수가 없으니, 가끔 감옥 마당으로 나가는 기회가 있을 때 옥졸이 악취가 풍기는 썩은 물 웅덩이에 손을 담가도 된다고 허락하면 그것만으로도 좋아라 하고, 그 물로 얼굴과 가슴이며 다리를 씻었다가 온몸이 습진투성이가 되고 때로는 머리 피부병에 걸리기도 한다. 그들 중에는 중죄인도 있지만, 아무 가치도 없는 물건 좀 훔쳤다고 수감된 사람들이 얼마나 많은지 모른다. 만일 도둑질한 자들을 모두 체포한다면 대부분의 옥졸들부터 잡아들여야 할 것이니, 포졸들 가운데는 도둑들과 함께 감옥 안에 있어야 제자리인 자들이 많다! 이 아름다운 나라 조선에서의 인간의 정의란 얼마나 끔찍한가!]

그들의 주식이라고는 작은 밥 사발에 아무런 간도 하지 않은 밥을 담아 아침저녁으로 먹는 게 전부이다. 그러다 보니 처음에 들어올 때는 튼튼하고 건강이 좋았던 사람들도 20일이 지나면 피골이 상접한 몰골이 된다.

채무로 투옥된 죄수들이나 도둑질 외에 다른 동기로 잡혀 들어온 죄수들은 이보다는 나은 대우를 받는다. 그들은 차칼$_{\text{Tcha-Kal}}$이라는 명칭으로 불리는데, 이 명칭은 도둑 죄수들을 제외한 모든 죄수들에게 적용된다. 그들은 친지나 벗들과 서로 연락도 할 수 있고, 밖에서 음식을 받아 먹으며(이들은 감옥에서 먹이지 않는다), 심지어는 재미있는 시간을 보내기도 하고, 굶주리고 있는 도둑 죄수들이 보는 앞에서 대향연을 벌이기도 한다. 내가 본 이들 중 대부분이 정부의 관원들이었고, 그들은 마지막 채무를 다 지불할 때까지 갇혀 있게 된다.

신자들은 도둑 죄수들처럼 옥에서 음식을 받아 먹지만, 외부인들과 연락을 취할 수 없다. 그리고 보통, 적어도 좌포청에서만큼은, 발에 차꼬를 차고 있지는 않는다. 그들 역시 차칼에 속하나, 포졸들은 그들을 멸시하여 광방이(혹은 궁방이)Kouang-pang-i라고 부른다.

감옥 생활의 규칙은 다음과 같이 짜여 있다. 아침, 동이 틀 무렵에 옥졸이 와서 "문 연다!" 하고 외친다. 도둑들을 제외한 다른 죄수들은 밖으로 나가고 싶으면 감옥 마당으로 나갈 수 있다. 저녁이 되어 일몰 후에는 곧 죄수들 점호가 있다. 옥졸들은 일단 한데 모였다가, 죄수들을 감시할 옥졸 한 명씩을 각각의 감옥에 배치한 다음에 문을 닫는다. 그러고는 밖에서 굵은 빗장을 가로질러 걸어 놓고 쇠사슬로 얽매어 잠근다. 이때부터는 그 어떤 긴급한 일이 생겨도, 아무리 아픈 환자가 발생해도 바깥으로 나갈 수가 없다. 문을 잠근 옥졸이 마을로 자러 가기 때문에 밖에서 문을 열어 줄 사람이 한 사람도 남아 있지 않기 때문이다. 만일 건물에서 화재라도 발생한다면 죄수들은 고스란히 타 죽을 수밖에 없을 것이다. 그래서 옥졸은 마을로 가기 전에 죄수들의 수를 세어 본 다음, 죄수들에게 자지 말고 불조심하라고 당부한다.

죄수들이 자기네는 하루 중 가장 슬픈 때가 문이 닫히는 순간이라고 말하는 것을 나는 분명히 들은 적이 있다. 문이 닫히면 잠을 못 자게 하려고 도둑 죄수들에게 노래를 부르게 하는데, 그러면 그들은 한밤중에 한참 동안을 미친 듯이 고함을 질러 댄다. 그들이 더 크게 고함을 지를수록 옥졸들은 좋아한다.

아침과 저녁, 하루에 두 끼가 나오는데, 최 노인과 나에게는 한낮에 죽 한 사발이 더 나왔다.

우리가 갇혀 있던 감옥은 다른 감옥들과 모양이 비슷하였다. 출입구라고는 밤이면 잠기는 작은 문이 하나 있었고, 그 위에 개구開口 형태의 나무 창살이 몇 줄 있어서 그 사이로 약간의 바깥 공기와 빛이 들어왔다. 튼튼한 사방 벽에는 참나무 판을 여러 장 이어 덧대어 놓았다. [바닥에는 짚인지 건초인지를 한 겹 깔아 놓았는데, 내가 처음 들어올 때 나를 위해 새 짚을 한 겹 깔아 준 것을 지금까지 걷어 내지 않아 그것이 썩어 악취를 풍기고 있었다.]

앞에서도 말하였거니와, 최 요한 노인은 나와 같은 감옥에 있었다.

그는 나와 같은 날 같은 시각에 체포되었고, 역시 우포청에 있다가 좌포청으로 이감되어 왔는데, 좌포청으로 온 이후부터는 덜 앓았다. 그의 말로는 저쪽에 있을 때는 신자들과 도둑들이 한데 섞여 있는 데다가 너무 비좁아서 몸을 돌리려면 옆 사람을 건드리지 않을 수 없었고, 도둑들처럼 모두 차꼬를 차고 있었다고 한다. 그는 거기서 두세 번 고문을 받은 적이 있었지만 여기서는 썩 좋은 대우를 받는 편이었고, 나와 똑같은 음식을 제공받았다. 그럼에도 불구하고 가련한 노인에게는 심한 고생이었고 그래서 종종 앓았다.

옥간 안쪽에 신자가 아닌 한 양반 노인이 있었는데, 그는 반역이라는 죄명으로 10개월째 이곳에 갇혀 있다고 하였다. 본인 말로는 자기는 죄가 없다고 하였는데, 그 말이 진실이었는지 무죄를 인정받아 4월 18일에 석방되었다. 그는 성격이 고약해서 우리가 들어오기 전에는 신자들에게 욕설을 퍼붓고 천주교를 모욕하며 불쌍한 신자들을 무척 괴롭혔다고 한다. 우리가 들어오면서 그가 많이 변하였다는 말들은 하고 있었지만, 그럼에도 그의 고약함을 확인할 수 기회는 여러 차례 있었다. 우리는 그의 성격을 경계하고 먼저 조심하였다. 그의 아들이 가끔 만나러 와서 감옥 문을 사이에 두고 이야기를 나누곤 하는 바람에, 우리도 어쩌다 한 번씩 바깥소식을 접할 수가 있었다.

얼마 전부터는 충청도에서 체포되어 온 신자 세 명이 더 와서 우리와 함께 있게 되었다. 그들은 힘이 세고 건장한 농부들이었는데, 감옥 생활과 시원치 않은 끼니로 보름 만에 몰골을 알아볼 수 없는 지경이 되었다.

우리는 옥졸의 눈을 피해서 우리 몫의 밥을 그들에게 덜어 주곤 하였다. 그들은 세 번이나 고문을 받았는데, 고문을 받고 들어올 때면 온몸을 떨면서 숨도 제대로 쉬지 못하였다. 그리고 며칠 뒤, 그들 자리에 다른 죄수들을 데려다 놓기 위해 그들은 도둑 죄수들 감옥으로 이감되었다. 그들 중 두 명은 굶주림과 학대로 5월 12일에 옥사하였다.

우리와 거의 같은 시기에 서울에서 체포되어 온 여성 신자 세 명이 역시 같은 감옥에 수감되어 지냈다. 내가 들어올 때 그중 한 명은 이 감옥 안에서 만연하고 있는 역병인지 아니면 장티푸스인지를 얻어 앓고 있었다. 나이는 26세였고 막내가 겨우 6개월 된 귀여운 두 아이의 어머니였다. 박해 시기에 어느 비신자와 결혼한 그녀는 남편에게 교리를 가르치고 입교시켜서, 남편은 시아버지와 시어머니와 함께 영세를 받을 준비가 되어 있었다. 그런데 불행하게도 나약한 마음에 배교를 하였다고 사람들이 내게 말하였다. 아무도 자신을 쳐다보지 않을 때면 그녀는 그 틈을 타서 얼른 나를 바라보며 여러 차례 십자성호를 그었는데, 그런 모습을 보노라면 측은한 마음이 들었다. 그녀는 또 밤에 그녀를 간호해 주는 여성 신자에게 "내 큰 병은 내가 배교라는 몹

쓸 짓을 하였다는 겁니다. 아! 나는 죄인이에요!"라고 말하였다. 그러고는 눈물을 펑펑 쏟아 냈다. 내가 그녀에게 고해성사를 주는 건 불가능하였으므로 사죄경을 염해 주겠다고 미리 알려 주었다. 그녀는 사죄경을 들을 준비를 하였고[82] 나는 아침에 서로 약속한 신호를 보냄과 동시에 내 자리를 떠나지 않고 그 자리에서 사죄경을 염하였다. 그녀가 어찌나 행복해 하던지! 그것이 자신의 병을 치유하는 최고의 명약이었으니, 그 순간 이후로 그녀의 병세는 눈에 띄게 좋아지면서 곧이어 회복기로 들어섰다.

한 번도 말을 나누어 보지는 못하였으나, 나는 그녀의 성격과 신심, 하느님 안에 두는 신뢰, 공정한 정신에 여러 번 탄복하였다. 비신자나 다름없는 그녀의 남편도 그녀를 만날 수는 없었다. 다만 대소변 같은 오물을 내보내는 통로로 쓰이는 구멍을 통해 서로 말은 주고받을 수 있었으니, 그것이라도 허락한 것은 옥졸이 남편에게 베푼 특혜였다. 덕분에 우리도 음식을 조금 얻기도 하였고 바깥소식도 조금 들을 수 있었지만 신자 공동체에 관한 소식은 결코 들을 수 없었다. 다른 두 명의 여성 신자는 나이가 지긋한 불쌍한 여자들이었다. 여성 신자 세 명 모두가 고문을 받았다.

[무엇보다 그녀들이 더욱 고통스러워한 것은 형리들과 재판장들의 외설스런 언사였는데, 그들은 음란한 언행으로 그녀들을 괴롭히곤 하

였다.]

　네 번째 여성 신자는 내가 이 감옥에 들어오기 이틀 전에 역병으로 옥사하였다. 영세명이 가타리나였던 그녀는, 서울의 전교회장으로 1866년 병인박해 때 순교한 말구Marc라는 노인의 처였다. 그녀는 자기 손으로 키운 조카이자 배신자 피 바오로의 밀고로 우리와 같은 시기에 체포되었다. 형졸들은 내가 감옥에 들어오고 5~6일이 지나서야 깜빡 잊고 방치해 두었던 시체를 치우러 와서는 들것에 실어 내갔다. 옥졸은 우리에게 와서 웃으며 이렇게 말하였다. "시체라고 뼈밖에 안 남았더군. 쥐와 족제비들이 와서 다 뜯어 먹었더라구." 그러자 다른 이들이 덧붙였다. "족제비들이 그 못된 천주학쟁이들을 뜯어 먹었다니, 기가 막힌 일이면서도 참으로 지당한 일일세." 그때 신자들은 불쌍한 고인을 위해 기도를 바치면서 저마다 자기도 곧 똑같은 길을 가게 될 것이라고 생각하였을 것이다.

　[옥졸 두목은 우리와 친구처럼 지내고 있어서 문을 잠그기 전에 종종 우리 있는 곳에 와서 저녁 시간을 보내기도 하였다. 교육을 거의 받지 못하여 글을 읽을 줄도 쓸 줄도 모르는 그는 겉으로 보기에는 거칠고 투박하지만 내면에는 좋은 성품을 지니고 있었다. 그는 20년째 옥졸 두목으로 일을 해 오고 있었는데, 부하들을 호령하고 복종시키면서 그 자신도 상관의 명령에 맹목적으로 복종하였다. 요한 노인이 여

러 차례 그에게 교리를 가르치자, 천주교 교리가 아주 훌륭하다고 여기고 기꺼이 경청하여 듣고는 있었지만 그렇다고 감화되는 것 같지는 않았다. 그는 무심한 듯하였고 목석 같은 사람처럼도 보였다. 나는 그를 우리의 친구라고 말하였는데, 실제로 그는 우리를 한 번도 괴롭히거나 혹독하게 다룬 적이 없었고, 심지어 가끔은 나와 아녀자들에 대해서 측은한 감정을 지니고 있는 것처럼 보일 때도 있었다. 그러나 포도대장의 명령만 있다면, 그는 우리를 교살하기 위해서 우리의 목에 끈을 매달고도 남을 사람이었다. 하루는 그에게 예전에도 신자들을 본 적이 있는지 물었더니, 그는 "본 적이 있느냐구요? 수백 명을 봤소! 사람들이 아주 조용하고 착합디다. 그 사람들은 세상 그 누구보다 평화롭고 온순하며 소란을 피우지 않고 항상 깊은 생각에 잠겨 있는 것처럼 보입디다." 하고 대답하였다. 내가 다시 "이곳에서 신자들을 많이 죽였습니까?" 하고 묻자 "그 당시엔 감옥이 신자들로 가득 차 있어서 빈자리를 만들기 위해서라도 매일 우리가 상당수를 교살했어요. 기껏해야 2~3일 정도밖에 가두어 두지 못하였지요."라고 대답하였다.

    다른 옥졸들이라고 해서 우리를 학대한 것은 아니나 그들은 성격이 교활하고 위선적이며 성마르고 증오에 차 있었다. 이러한 그들의 마음속에 간혹 동정심이 들어 있는 듯 보일 때는 반드시 그 뒤에 이해관계가 숨어 있었다. 나는 그들이 웃으면서 형벌을 집행하는 것을 보았다. 그들에게는 사람을 교살하는 것이 한갓 심심풀이나 여흥에 지나지 않는 것처럼 보였다. 그러면서도 그들은 자기네가 우리의 친구라고 자칭한다! 어떻게 그들을 믿겠는가? 그들은 아무것도 아닌 일로 분노를 터트리며 도둑 죄수들을 때렸다. 대장이 몽둥이질 소리를 듣고 와서 그들의 행패를 막자, 그들은 그에 대한 분풀이로 몽둥이 끝에 바늘 모양의 뾰족한 쇠침을 박을 생각을 해 냈다. 그리고 그것을 불쌍한 죄수들을 찌르는 데 사용하였으니, 우리는 종종 죄수들의 신음과 숨넘어가는 듯한 비명을 들어야 했다. 한번은 한 신자가 고열에 시달리다가 물을 좀 달라고 청한 적이 있었다. 그러자 그들은 "그래, 우리가 물을 주지!" 하며 쇠침을 박은 몽둥이로 그의 가슴을 죽도록 팼다. 그로 인해 결국 이 불쌍한 신자는 두 시간 후에 숨을 거두고 말았다. 포졸은 그가 병사하였다고 보고하였고, 시체는 실려 나가 성곽 밖에 버려졌을 뿐, 그 누구도 그가 어떻게 죽었는지 확인해 보려고 하지 않았다. 감옥에서는 결코 죄수의 사망 원인에 대해 확인하는 법이 없어서, 옥졸들은 그렇게 살인을 해도 처벌받지 않는다는 보장만큼은 받고 있었다. 그들보다 더 비천하고 사악하며 악질인 사람들을 찾아보기는 힘들 것 같았지만, 그런 사람들이 이곳에 있었다! 바로 천민 고용인 혹은 정확한 명칭으로 말해서 망나니가 그들이다. 그들은 혐오감을 일으키는 용모와 괴물의 형상을 하고 있어서 그들의 모습을 보면 마음이 아팠다. 그들은 수형자를 패고 생피를 벗겨 내고 팔다리를 부러뜨리면서 수형자들의 비명을 희롱하고 수형자들에게 상스러운 농담을 퍼붓는다. 마치 피 냄새가 나는 것 같은 그들이 감옥 안에 나타나면, 그것이 곧 고문이나 형 집행을 예고하는 듯하여 수감자들은 공포에 휩싸이거나 망연자실하였다. 사람이 어떻게 저 지경에 이르기까지 타락할 수 있으며 악하고 잔인하고 교활할 수 있을까? 조선의 감옥들은 그야말로 지옥의 모습을 그대로 보여 주는 곳이라고 한 요한 노인의 말이 옳지 않은가? 나는 '감옥들'이라고 하였는데, 왜냐하면 내가 들은 바로는 모든 감옥에서 다 이와 같은 광경이 벌어졌기 때문이며, 간혹 곳에 따라서는 음식이 훨씬 형편없는 곳도 있는 모양이었다. 바로 이러한 곳에 우리의 가여운 신자들이 갇혀 있었고, 이런 곳에서 고통을 받았으며 도둑들보다 훨씬 더 멸시를 받았다. 야만인과 대조되는 신자들의 덕행이 옥졸들과 망나니들을 오히려 더 자극하였다고 말할 수 있겠는데, 신자들은 맹수들 속의 어린 양과 같았기 때문이었다. 그들은 아무런 불평도 하지 않고 고통을 겪었으며, 아무 말 없이 욕설을 참고 받아들였다. 외부의 그 누구도 그들을 돌볼 수 없었으니, 심지어 부모, 친지나 지인들도 감히 이러한 끔찍한 장소에 접근할 엄두를 내지 못하였고 그들을 포기한 것처럼 보였다. 신자들은 온갖 형태의 고문에 그리고 결국은 죽음에 모든 것을 바친 희생자들이다. 그들을 불쌓히 여기고, 그들의 상처를 싸매 주고, 그들이 열병을 앓을 때 시원한 물 한 잔을 떠다 줄 사람은 아무도 없다. 왜냐하면 그들은 신자이기 때문이며, 그들은 이제 조선인이 아니고 또한 인간이 아니기 때문이며, 그들은 처분해야 하는 짐승들과 같은 존재들이기 때문이며, 그들은 망나니들의 잔인한 욕구를 풀어주는 데나 쓰여질 존재들이기 때문이다.]

내가 하느님의 크신 영광을 위해 여기서 죽겠노라고 생각하며 행복하게 감옥 생활을 하였던 곳이 바로 이러한 곳이다. 내가 감옥 생활을 하는 동안 많은 고통을 받았다면, 또 한편으로는 우리 신자들을 보며 자주 위로를 얻기도 하였다. 온유하고 인내심이 있고 조용한 우리 신자들은 누구에게라도 봉사할 기회가 생기면 놓치지 않고 봉사하며, 그들의 입에서는 결코 욕설이나 나쁜 말은 나온 적이 없었다.

아침이 되면 기도로 하루를 시작하고, 낮이고 저녁이고 기도하고 묵상하였으며, 때로는 한밤중에도 또 오랫동안 기도를 하기도 하였다. 감옥 안에서는 기도가 잘 된다. 하느님의 현존이 더 느껴지는 것 같고, 또 우리 자신의 무_無를 더욱 잘 체험하여 알게 된다.

시간을 짜임새 있게 보내기 위해 나는 나만의 규율을 만들었는데, 그렇게 함으로써 평소에 내가 아무런 방해도 받지 않고 바쳐야 할 모든 기도를 바칠 수 있었다. 나는 신령한 방법으로 미사를 집전하였고[83]

또 같은 방법으로 미사에 참예하였다. 또한 내게 성무일도서가 없으므로 묵주기도로 그것을 대신하였는데, 묵주기도를 바칠 때에는 들키면 묵주를 빼앗길까 봐 신경 써서 묵주를 감추어야 하였다.

나는 성체조배를 하기 위해서 마음속으로 몇 군데 성당을 즐겨 찾아가곤 하였다.

낮 시간 중에는 여러 가지를 쉽게 묵상할 수 있었다. 나는 나의 일과를 마치 일주일간의 피정처럼 짜임새 있게 보냈으며, 일주일이 지나면 또 그다음 일주일로 연장해 나갔다. 옥에서 잘 되기도 하거니와 많은 위로를 얻을 수 있는 또 다른 기도는 바로 십자가의 길이다. 이러한 묵상의 나날들 속에서 주님께서는 내게 얼마나 많은 은총을 베푸셨던가! 내게는 아무런 근심도 없었다. 그리고 오로지 하느님께서 허락하시는 일만 나에게 일어난다는 것을 잘 알기에, 그분께서 당신의 거룩한 뜻을 이루시도록 좋으신 하느님 손에 나를 온전히 맡겼다.

나는 아름다운 사순기간을 그렇게 보냈다. 부활대축일에 우리는 모든 신자들과 함께 조촐한 예식을 행하였다. 다행히 나는 내 주교 반지를 잘 싸서 작은 주머니 안에 숨겨 간직하고 있었기에, 그날 신자들에게 특별히 감옥에 갇혀 있는 우리 신자들과 그리고 조선의 모든 신자들을 위해서 장엄축복을 주겠노라고 말하였다. 이는 신자들에게 희소식이었지만 기회를 잘 포착해야만 했는데, 우리가 있는 곳에 스님 한 명과 비신자 노파 한 명이 끼어 있었기 때문이다. 스님은 항상 자고 있었으니까 불편할 게 없었다. 그런데 마침 노파가 신통하게도 잠깐 밖으로 나갔다. 절호의 기회가 온 것이다. 신자들이 무릎을 꿇었고, 경건한 마음으로 강복을 받았다. 얼마나 행복하였던가! 이것이 우리의 부활절 예절이었으니. 모두들 기뻐하였고 그 시간 이후로 내내 크나큰 은총 속에서 하루를 보냈다.

예절만 해도 신심을 북돋아 주는데 하물며 조선의 감옥 안에서 받는 주교의 강복이라면, 감옥 생활에서 겪는 어쩔 수 없는 고난과 굶주림을 견뎌 내도록 신자들에게 새로운 용기를 주는 훌륭한 예절이 아니겠는가?

[우리의 고난에 대해서 말하자면, 우리가 처해 있는 궁핍과 가난 속에서 온갖 종류의 고초를 겪어야만 하였다. 우리는 한 번도 옷을 갈아입지 못하였고, 더럽고 해지고 찢어지고 냄새 나는 옷을 항상 입고 있어야 하였기 때문에 벼룩과 이에 시달렸다. 우리는 수백 마리의 이를 잡았다. 벼룩이 더 많았던 것 같은데, 벼룩은 잡기가 쉽지 않았다. 유럽의 벼룩보다 세 배나 더 크고 다리 힘이 놀라운 이런 놈들은 생전 처음 보았는데, 놈들을 짓눌러 죽이려면 얼마나 고생을 해야 하는지는 두말할 것도 없었다. 놈들은 번식력이 강한 쥐벼룩이라고 들었다. 낮에는 놈들이 다니는 게 보였고, 놈들의 소리도 들렸다. 놈들은 보란 듯

이 설치고 다녔다. 이리저리 뛰어다니고 제집처럼 폴짝폴짝 뛰어 댔는데, 그럴 만도 한 것이 놈들을 정성스럽게 사육한 꼴이었기 때문이다. 사람들은 미신적인 생각으로 놈들을 죽이지도 못하게 하였다. 게다가 놈들은 악취를 풍기는 우리의 썩은 짚 거적 속 도처에 서식하고 있었는데, 그것이 놈들에게 달콤한 은신처를 제공해 준 셈이었다. 우리에게는 주머니칼도 없었다. 유럽에서는 지극히 당연한 필수품인 이러한 자르는 도구 없이 여러분도 40일만 지내 보라. 우리는 오랫동안 바늘도 없이 지내다가 마침내 바늘 하나를 구할 수 있게 되었으며, 필요한 실은 옥사한 그 가련한 여성 신자의 다 해진 비단 옷 조각에서 올을 풀어서 썼다.]

나는 한 주간의 요일을 놓칠까 봐, 그래서 주일이 언제인지를 모를까 봐 걱정이 되어 벽 나무판에 숯 조각으로 다가오는 주일들을 표시하였다. 이렇게 조심한 덕분에 우리는 그저 다음 주일을 기다리며 일곱 날을 세기만 하면 되었다. 한번은 사순 날짜를 잘못 짚을 뻔하였으나 다행히 그해 부활축일이 4월 21일, 음력 3월 19일에 들었다고 하였던 말이 떠올라 실수를 하지 않았다.

요한 노인은 거의 말을 하지 않아서 그와 한마디 말도 주고받지 않은 채 지내는 날이 많았다. 이는 우리끼리 주고받는 말들이 여전히 의심을 샀기 때문이고, 우리가 관찰을 당하고 있기 때문이었다. 반면에 나는 채무 투옥자들 중 몇 사람과는 자주 이야기를 나누었다. 그들은 지역의 거물들이었는데 대다수가 우리를 멸시하였다. 그러나 우리에게 관심을 보이고 우리를 동정하는 사람도 여럿 만났다. 천주교에 관한 내용이 아니면 사람들은 거의 모두가 내가 하는 이야기와 설명을 재미있게 들었다. 대부분이 호기심으로 귀를 기울이기는 했어도 귀담아 듣지는 않았다. 만일 내가 유럽이나 발명품들에 대해서 그리고 그 밖의 자질구레한 것들에 대해서 이야기를 해 준다면 모두들 즐겁게 들었을 것이다. 물론 가끔은 그러한 이야기를 해 주었지만, 그것은 그들의 기분을 맞추어 주면서 길들이기 위해서였지 그 외의 다른 목적은 없었다. 그런 식으로 지리학과 천문학 그리고 그 밖의 주제들에 대해 강의를 해 줄 수 있었고, 여러 사람이 이미 본 적이 있고 또 감탄하였던 증기선에 대해서도 이야기해 주었다. 나는 특히 그들이 질문하면 대답을 해 주어야 했는데, 그중에는 종종 기상천외한 내용도 들어 있었다. 예를 들면 "외눈박이들만 사는 나라가 있는가?" 하는 것이다. 그렇게 터무니없는 질문을 하다니! 그들은 나를 위아래 찬찬히 뜯어보고는 마침내 경탄을 하며 "아니, 우리랑 똑같은 사람이구먼!" 하거나 어떤 이들은 "그렇긴 한데, 수염이 대단하군!" 한다. 그것은 찬사의 말이었으니, 나는 그 말에 약간의 부러움이 섞여 있었다는 말을 덧붙이고 싶다.

대개 조선인들은 우리가 전교하기 위해 조선에 왔다는 사실을 이해하지 못한다. 우리의 목적은 천주교를 전교하는 것이라고 해도 그들은 그 말을 믿으려 하지 않는다. 혹자는 "그들은 우리나라를 배우려고 왔다."라고 말한다. 그러면 다른 이들이 "그렇게 해서 우리나라를 점령하려고……"라고 맞장구를 친다. 또 다른 이들은 "그들은 장사를 해서 돈을 벌려고 왔다."라고 말한다. 그러면 좀 더 신중한 몇몇 사람들은 이렇게 대답하곤 하였다. "만일 그들이 우리나라를 점령하려고 하였다면 군사를 이끌고 왔을 테지. 또 만일 돈을 벌자고 왔다면 한 번도 장사에 성공을 못 할 리가 있겠나. 왜냐하면 포졸들이 그 사람들 집에서 찾아낸 것이라고는 서양 물건들과 극히 얼마 안 되는 돈뿐이라니까. 게다가 큰돈을 벌겠다고 죽을 위험까지 무릅쓰겠는가! 하긴, 비옥한 평야와 수목이 울창한 산이 많은 우리나라는 정말 아름답고 부요한 나라이긴 하지." 그러면 또 어떤 이는 이렇게 말한다.

"그런데 그 사람들 나라가 우리나라만큼 수려하지 못하다는 것을 당신이 어떻게 아시오? 어쨌든 양인들은 재주가 좋아. 그 사람들의 시계며 증기선들을 본 적 있소?"

"오! 재주로 말하자면 우리 조선인도 그 누구에게도 뒤떨어지지 않지. 우리도 그런 거 다 만들 수 있다고. 다만, 그런 것을 어떻게 만드는지 모를 뿐이지."

"그건 그렇다고 해도, 나라면 교리를 가르치겠다고 내 나라를 떠나지는 않을 걸세."

"흥, 선교사들이 자네 같은 줄 아나! 글쎄 그 사람들 나라에서 아주 멀리 떨어진 나라들이 있는데, 그곳에 사는 사람들은 짐승처럼 살고 사람들을 잡아먹는다네. (일동 폭소) 그래, 정말이야. 저이가 우리에게 해 준 이야기야. 저이처럼 그 사람들에게 전교를 하러 갔던 사람들이 있었는데, 그 야만인들이 선교사들을 보더니 식욕이 당겼던 거야. 온몸이 새까만 그들로서야 피부가 온통 희니까 맛있게 보였겠지. 그래서 그 야만인들이 선교사들을 잡아먹었다는군! (다시 폭소)"

"까만 사람들이 있다는 게 정말인가? 그거 짐승들이구먼. 그래, 그 사람들이 아직도 사람을 잡아먹는가?"

"아니, 지금은 안 그러지. 저이처럼 다른 선교사들이 거기에 또 가서 조금씩 가르쳤더니 이젠 그 야만인들도 다른 사람들처럼 된 거라네."

"그럼 이젠 까맣지도 않아?"

"까만 거야 여전히 까맣지. 다만 사람을 안 잡아먹는다는 걸세."

"잘됐네! 정말이지 잘된 일이야. 선교사들이 그 나라에 가길 잘했어. 하지만 여기, 조선에 오는 건 소용없는 일이야. 선교사들은 이제 여기엔 오지 않는 게 나을 걸세. 우리가 무슨 다른 도가 필요해야 말이지."

나는 그들의 대화 중 한 토막을 위에 소개하였다. 다른 대화들도 소개하라면 인용할 것이 많으며, 그 반면에 결코 내가 옮겨서 소개할 수 없는 것들도 있다. 하지만 그들의 대화 내용이 어떠한지 짐작하기 위해서라면 위의 예화만으로도 충분할 것이다.

[감옥을 일별하는 것은 이것으로 마치고, 내가 이 감옥에서 지내는 동안 일어났던 일 중에 가장 주목할 만한 사건들에 대해 이야기해 보도록 하겠다. 무슨 동기로 우리를 좌포청으로 이감시켰으며 또 왜 나를 투옥한 것인지, 이렇게 하는 조선 정부의 의도는 무엇인지? 나는 지금까지 그것을 알 수가 없다. 이유야 어찌 되었든 간에 우리는 자신을 하느님의 뜻에 맡기고 우리 신상의 일은 모두 섭리의 보살핌에 맡기며 모든 준비가 되어 있었다. 우리는 아무것도 할 수가 없었고, 오로지 우리의 영혼을 하느님께서 그분의 방식으로 원하실 때 그분 앞으로 나아갈 준비만 할 뿐이었다. 우리가 그때만 곧 오기를 희망하고 있을 즈음인 3월 21일 아침, 느닷없이 감옥 내부에 도는 소문이 우리의 관심을 끌었다. 소문은 쉬쉬하며 퍼졌는데, 그 내용은 민비가 얼마 전에 분만하였다는 것이었고, 그것이 아들이라고 말하는 사람도 있었다. 그때부터 대부분의 죄수들은 방면되거나 혹은 감형을 받지 않을까 기대하기 시작하였다. 국법 내지 전례에 따르면 국모가 출산한 날부터

100일 동안 죄수를 처형하거나 형벌을 가할 수 없었기 때문이다. 따라서 죄수들은 숨을 돌릴 여유를 가지게 되었다. 그날 안으로 소문이 확인되었는데, 현재 왕후가 아들을 분만하였다는 것이었다. 그 아이는 민비의 둘째 아들이었으니, 따라서 현재 국왕인 아버지의 승계자로 2~3년 전 중국 정부의 승인을 받은 왕세자의 동생이 태어난 것이다. 내가 이렇게까지 세부 사항을 언급하는 까닭은 국왕이 다른 후궁들에게서 얻은 왕자가 여럿 되기 때문이다. 이 소식에 모두들 기뻐하였고, 왕세자가 동생을 보았으니 죄수들이 모두 방면될 거라고 사람들이 말하였다. 그러나 다음 일이 보여 주듯 그 말은 맞아떨어지지 않았다! 형벌은 중지되었고 사형 집행은 없었으나, 이따금 새 죄수들은 여전히 끌려오고 있었다.]

그 즈음에 한 수감자가 들어오는 것을 보았다. 매우 지쳐 보였고, 창백한 얼굴은 먼지와 진흙으로 더러워져 있었으며, 목에는 작은 칼을 쓰고 있었다. 알고 보니 바로 우리의 변문 담당 통신원이었는데, 그의 몰골이 어찌나 달라졌는지 내가 알아보지 못한 것이다.

1월 초에 체포된 그는 혹독한 고문을 받은 후 재판을 받으러 서울로 압송되어 온 것이었다. 그때 우리는 그를 잠깐 볼 수 있었다. 그다음에는 도둑들 옥간에 들어가서 감옥 생활을 하였는데, 그곳에서 그는 몸을 보살피지도 못하고 제대로 먹지도 못하여 점점 쇠약해져 갔다. 도둑들에게 잠깐 마당으로 나갔다 오라는 허락이 떨어졌을 때 우리는 몇 차례 그를 본 적이 있다. 우리가 그에게 밥을 조금 전해 준 적도 여러 차례 된다.

5월 중순경 어느 날 아침에 우리는 여느 때처럼 그를 보았다. 그러나 그날 저녁이 되자 포졸들이 와서 죽은 그의 시신을 시체실에다 던져 버렸다. 나는 '던져 버렸다'고 말하였는데, 그 외에 달리 표현할 단어가 없기 때문이었다. 그래도 포졸 두목은 그의 죽음을 의심하여 저녁에 그가 정말로 죽었는지 보고 오라고 옥졸을 보냈다. 옥졸이 그렇다고 대답하였는데도 두목은 그 시체에 차꼬를 채우라고 명령하였으니, 이는 분명 죽은 자가 천주교 신자였기 때문에 맹목적인 두려움을 느끼고 그렇게 하였을 것이다.

양반 노인이 석방되어 나가고 그 이튿날인 4월 20일에 거의 같은 연배로 보이는 70세가량의 노파를 우리 옥간으로 들여보냈다. 그 노파는 옥간 안쪽에 자리를 잡았는데, 들어오면서부터 우리에게 경멸에 찬 시선을 던지더니 이런 사람들이 있는 곳에 자기를 넣었다는 데에 무척 놀라는 표정이었다. 그 노파는 이렇게 말하였다.

"아! 내가 이런 곳에 오래 있어서는 안 되는데. 나를 이곳에 넣다니, 분명 뭔가 잘못 알고 있는 모양일세. 나는 도둑도 아니고 천주학쟁이는 더더욱 아닌데 말이야."*

노파는 옥에서 나오는 음식을 거부하고 술을 가져오라고 하였다. 돈을 가지고 있었으므로 그 모든 것이 가능했던 것이다. 그리고 신자들에게 거만한 태도를 보였으며 욕설까지 퍼부었다. 그러는 사이에 노파의 사정이 안 좋게 돌아갔고, 이후로 밖에서 사식도 받지 못하게 되면서 장티푸스까지 걸려 자리에 눕게 되었다. 성격 못된 노파에게 멸시받고 욕설까지 들었던 세 여성 신자는 그래도 노파를 밤낮으로 돌보아 주었다. 노파가 닷새를 의식을 잃고 있었는데도 감옥 밖에서 노파를 살피러 오는 이가 아무도 없었으니, 이 가련한 신자들의 따뜻한 보살핌이 없었더라면 틀림없이 죽었을 것이다. 신자들은 이렇게 점잖게 원수를 갚은 것이다. 얼마 지나서 노파는 자신의 잘못을 깨닫고 용서를 청하였다. 그리고 영육간에 완전히 다른 사람이 되었다! 내가 출옥할 때까지도 노파는 감옥에 갇혀 있었다.

새 죄수의 입옥은 항상 감정의 파문을 일으키고 비통한 마음을 불러온다. 그러나 반대로 수감자의 석방은 모두에게 기쁨을 선사하니, 그의 석방을 자신의 일처럼 여기며 복받은 석방자를 축하한다.

새로운 죄수가 들어올 때면, 포졸이 죄수를 끌고 들어오며 포도청

---

* 천주학쟁이는 비신자들이 신자들을 일컬어 사용하던 모욕적인 명칭이다.

문 앞에서 큰 소리로 "죄수 들어간다!" 하고 외친다. 그러면 저마다 "그게 누구일까?" 하고 생각한다. 우리는 "신자가 잡혀온 것은 아닐까." 하며 염려 속에서 그 불행한 죄수가 들어오기를 기다린다.

4월 중순경 어느 날 우리는 이 외침 소리를 들었고, 잠시 후에 포졸이 죄수 세 명을 끌고 왔다. 우리는 그들이 말하는 첫마디를 듣고는 그들이 신자가 아니라는 것을 알고 크게 안도의 숨을 내쉬었다. 포졸은 가련한 죄수들을 도둑 간에 밀어 넣고는 차꼬를 채웠다. 옥졸 여럿이 거기에 모여 있었다. 옥졸들이 막무가내로 내리치는 몽둥이 소리, 고통스런 비명과 죄수들의 신음 소리, 이 불운한 죄수들이 차고 있던 굵은 차꼬가 한 번씩 공중으로 튀어 올랐다가 떨어지는 소리가 들렸다. 저러다 옥졸들이 저 죄수들을 곧 죽이겠구나 싶었다.

이 얼마나 슬프고 끔찍한 광경인가! 한바탕 소동이 있은 후 옥졸 하나가 우리 옥간으로 오더니, "아, 저놈들은 여기서 살아서 나가지 못하지. 글쎄, 저놈들이 포졸을 구타하였다니까!"라고 말하였다.

그 일이 있은 후 이틀 뒤에 스님 한 명이 같은 방식으로 잡혀 왔다. 며칠이 지나서 그의 죄가 가볍다고 밝혀졌는지 도둑 죄수들 감옥에서 채무 죄수들 감옥으로 옮겨 가도록 하였다. 그러고 나서 그가 장티푸스를 앓았는데, 그러자 그 간에 갇혀 있던 자들이 기겁을 해서는 그를 우리 옥간으로 데려가게 하였다. 그는 8일간을 죽은 사람처럼 정신을 잃고 있었다. 모든 게 부족한 상태였지만, 그래도 우리는 할 수 있는 모든 것을 다해서 그를 보살폈다.

마침내 그가 조금씩 소생하였으나, 그래도 매질을 당한 후유증으로 심한 고통을 겪었다. 그는 온순하고 조용해 보였고, 말이 거의 없었다. 그에게서 중죄인의 모습을 찾아보기란 어려웠다. 그는 우리에게 자신의 이야기를 들려주었다.

그는 12살 나이에 절에 들어갔고, 거기서 한문 공부에 전념하였다. 그다음에는 종이꽃 만드는 법을 배웠으며, 그 방면에 아주 능하게 되자 2년 전부터는 그림 공부에 몰두하고 있었다. 그런데 절에서 그림 작업을 하고 있는 그를 포졸들이 와서 붙잡아 감옥으로 끌고 왔던 것이다. 그는 처음에 자기가 왜 붙들려 왔는지 그 이유를 알지 못하다가 나중에야 알게 되었다. 그의 스승이 도둑들한테서 장물을 매입한 적이 있어서 포졸들이 그 사실을 알고 붙잡으러 왔는데, 그 소식을 제때 알아차리고 스승이 달아나 못 찾게 되자 포졸들이 그림에 열중하고 있던 이 젊은이를 붙잡아 왔던 것이다.

포졸들은 마을 주민 몇 사람도 붙잡아 가려고 하였다. 그러자 그 주민들이 포졸들과 맞서 저항하였고, 그러다 포졸 한 명을 구타하게 된 것이다. (포졸을 구타한 사람은 달아났는데) 그를 놓친 포졸들이 거기에 있던 다른 세 명을 붙잡아 온 것이니, 앞에 등장하였던 죄수 세 명이 바로 그들이었다. 나는 마당에서 그들을 종종 볼 수 있었는데, 선량하고 강직하며 신체 건장한 사람들이었다. 그들의 의복에는 감옥 안에서 맞았을 때 흘린 핏자국이 넓게 퍼져 있었다. 나중에 그 셋 모두가 무고하다는 것이 밝혀져서 감옥 생활 한 달 뒤에 석방은 되었으나, 물론 배상은 없었다. 조선에서 정의란 바로 그러한 것이었다.

그 무렵에 포도청에 자진 출두하여 감옥에 갇히게 된 청년 한 사람이 있었으니, 스무 살의 박이라는 청년이었다. 그는 포도청에 와서 이렇게 말하였다. "당신들이 나의 스승이신 주교님을 체포하고 신자들을 붙들어 갔다는 소식을 들었습니다. 나 역시 신자인데, 당신들이 나를 붙잡지 못하였으니 자진하여 나왔습니다. 나는 어려서부터 신자였고, 나의 아버지 어머니는 내가 겨우 열 살 때인 1868년에 당신들에게 붙들려 가 죽임을 당하셨습니다. 나는 부모님의 가르침을 고이 간직하여 하늘과 땅의 창조주이신 천주님을 공경합니다. 만물을 주재하시는 분은 그분이시며, 우리에게 양식과 의복을 주시는 분도, 우리의 목숨을 보존케 하시는 분도 그분이십니다. 그분은 우리를 위하여 고통을 받으셨으니 나도 그분을 위하여 고통받기를 원합니다. 나는 오로지 당신들의 형벌을 받아 감내하는 것 외에 달리 바라는 것이 아무것도 없습니다. 그러니 나도 굶주림과 목마름으로 고통받게 해 주십시오. 내 팔과 다리를 부러뜨리십시오. 내 목숨은 온전히 천주님의 것입니다."

포졸들은 처음에는 미친 자로 여겨 돌려보내려 하였지만 그가 고집을 부렸다. 그래서 쫓아냈는데도 다시 와서 고통을 받게 해 달라며 여전히 애원을 하니, 결국 포도대장은 그를 잡아 가두라고 명령을 내렸다.

그는 어린 시절부터 지금껏 신부를 한 번도 본 적이 없고 아는 신자도 없었지만 자신의 부모가 하느님을 위하여 죽었다는 것은 알고 있었기에 부모를 따라 하고 싶었던 것이다. 포졸들은 몇 차례나 내게 와서 그의 이야기를 하며, "아주 착한 젊은이오. 사람이 유순하고 조용해요."라고 하였다.

나는 그가 우리 방에 머물렀던 이틀 동안 그를 볼 수 있었다. 그리고 그는 도둑 죄수들이 있는 곳으로 옮겨졌다. 그는 한 번도 형벌을 받지는 않았으나 여느 죄수들처럼 몹시 굶주려서 보름 후에 보았을 때는 모습을 알아볼 수가 없을 정도였다. 옥졸들은 그의 순진함에 재미있어 하며 '기도문을 외워라', '천주십계를 외워 보아라' 하고 놀려댔다. 내가 감옥을 떠나올 때까지도 그는 여전히 그 옥간에 있었다.

가끔씩, 우리는 굶주림과 비참함과 혹은 병으로 죽은 도둑 죄수들의 시체가 우리 앞으로 실려 나가는 것을 보았다.

도둑 죄수는 앓고 있을 때도 약을 주거나 어떤 진정제 같은 것을 주지 못하게 되어 있었다. 병을 앓는다고 해서 어떤 혜택을 받거나 매질에서 면제받지는 못하였다. 심지어 차꼬도 벗지 못한 채 그저 심지가 꺼지듯 생명이 꺼지도록 놔두었다가, 죄수가 마지막 숨을 거두어서야 차꼬를 벗겨 낸다. 그러고는 옥졸이 입회하여 도둑 죄수 네 명이 죽은 죄수의 팔과 다리를 들어 송장실에 갖다 놓는다. 밤이 되면 하급 직원들이 와서 시체를 짚으로 만든 거적때기에 싸서 성곽 밖에다 내다 버린다. 그것으로 끝이다.

6. 새 동반자들

 포도대장은 아마도 휴가가 지루하였던 모양이었다. 그동안 도둑 죄수들이 차곡차곡 옥간을 채웠지만 재판은 열리지 않았다. 그래서 100일을 꼬박 기다리지 않고 40일 만에 송사를 다시 재개할 것이라고 우리에게 알려 왔다.

 그러니까 5월 1일이면 문초하고, 형벌을 가하고, 고문하고, 목을 조르고, 하는 일들이 다시 시작될 참이었다. 그들은 우선 새로 들어온 도둑 죄수부터 시작하였다. 그 죄수는 자기 사촌인 포졸에게 고발당하여 그의 손에 붙잡혀 들어와 있었다.

 5월 3일, 옥졸들이 시체실 문을 열고 그리로 올가미 줄을 밀어 넣고는 줄 끝 부분은 문 밖으로 빼 놓았다. 요한 노인의 말로는 누군가를 교살하려고 저렇게 하는 것이라고 하였다. 그게 누굴까? 그것은 누구도 알 수 없었고, 그래서 저마다 그게 자기일 수도 있다는 생각을 하였다. 잠시 후에 모든 옥간의 문을 닫더니, 그때가 거의 저녁을 먹는 때였는데, 옥졸들이 도둑 옥간 안으로 들어가서 어느 죄수에게 "나와! 목매러 가자." 하였다. 벼락 같은 이 말에 도둑들은, 이런 종류의 사형집행에 익숙해져 있음에도 불구하고 또 굶주림으로 애타게 기다렸던 밥인데도 불구하고 모두 밥알 한 알도 삼키지 못하고 밥 사발을 내려놓았다. 그 가련한 자가 붙들려 나와 시체방으로 끌려 들어가면, 거기서 옥졸이 죄수의 목을 맨 다음 밖으로 나와 방문을 닫는다. 그러고 나서 옥졸 네 명이 마치 닻을 끌어올리듯 아무런 감정도 없이 올가미 줄을 잡아당긴다. 줄을 팽팽하게 당긴 다음에는 묵직한 나무토막을 가져와 거기에 줄을 묶어 놓는다. 이렇게 하면 형 집행이 모두 끝난 것이다. 두 시간이 지나서 한 젊은 옥졸이 가서 문틈으로 들여다보고는 "다리가 아직까지 움직인다." 하며 웃으면서 달아났다. 그러면 올가미 줄을 다시 조였다. 이러한 교수형은 소리 없이 집행된다. 사형수의 비명도 탄식도 아무 소리도 들리지 않는다. 내가 이 교수형 집행 과정을 길게 묘사한 이유는 바로 1866년과 1868년의 박해 때에 수천 명은 아니더라도 수백 명의 신자들이 이렇게 죽어 갔으리라는 생각이 들었기 때문이다.

저녁 내내 그리고 밤새도록 각 감옥 안의 비신자 죄수들은 문을 열고 힘껏 침을 뱉었다. 이는 사형당한 자의 영혼이 감옥의 어느 구석에 들어와 살까 봐 그것을 막으려고 하는 것이었다. 그 무렵에 여자 주술사 두 명이 우리와 함께 지내고 있었다. 그런데 주술사들은 특히 이러한 상황에 놓이게 되면 더욱 눈에 띄는 행동을 하였으니, 3분이 넘도록 문 쪽으로 침을 뱉었고 그것도 세상에서 가장 진지한 모습으로 열심히 침을 뱉었다.

기왕 주술사 말이 나왔으니, 내가 만나 보았던 주술사들에 대해서 몇 마디 하기로 하자.

조선에서는 그들을 무당이라고 부른다. 그들의 역할은 좋은 운을 끌어다 주고, 또 무엇보다도 온갖 미신 행위를 동원해서 병을 몰아내는 것이다. 사람들은 주로 천연두에 걸렸을 때 무당을 부르는데, 그러면 무당은 총천연색의 의복을 차려입고 모든 장비가 들어 있는 짐 보따리와 북을 들고 온다. 무당은 북을 치며 진언을 외운다. 처음엔 느린 어조로 진언을 외우다가 곧 진언이 빨라지는데, 그러면 옛날 시대의 전투사처럼 무장을 한 무당이 뾰족하게 날을 세우고 핏자국처럼 보이도록 군데군데 붉은 칠을 한 나무 환도로 왼쪽 오른쪽 허공을 가르면시 펄쩍펄쩍 뛰고, 이쪽으로 왔다 저쪽으로 갔다 하며 고함을 지르고 펄쩍펄쩍 뛰며 울부짖는다. 그러다가 무당이 지쳐서 쓰러지면 그제서야 액운이 쫓겨 나간 것으로 여긴다. 그 동기가 무엇인지는 알지 못하지만, 어느 날 포도청에서 의외의 결정을 내려 서울에 있는 모든 무당들을 추방하였다. 그러나 어떤 무당들은 꽤 돈벌이가 되는 자신들의 직업 활동을 몰래 숨어서 한밤중에 하기도 하였다. 그러나 포졸들은 그들을 추적하여 상당수를 붙잡아 왔다. 나는 무당 15명이 붙잡혀 온 것을 보았는데, 포도청에서는 대개 그들을 7~8일 동안 감옥에 가두었다가 그다음에 석방하였다. 잡혀 온 무당들은 모두 차례차례로 우리 옥간으로 들어왔다. 무당들은 들어와서 처음엔 한탄과 눈물과 괴로움 속에 지내며 음식 일체를 거부하지만, 다시 기운을 차리는 데에는 그리 오랜 시간이 걸리지 않는다. 무당들은 가족을 통해서 원하는 것은 모두 구할 수 있었으므로 대체적으로 호식을 하였다. 게다가 마음이 관대하여 가족에게 받은 음식들을 신자들과 나누기도 하였다. 심지어 나에게 여러 차례 쌀로 빚은 술을 권하기도 하였으나 거절하였다. 그러나 요한 노인은 나와 같은 사정이 아니라서 술 몇 잔을 받아 마셨고 그 술이 노인에게 도움이 되기도 하였다. 무당들은 나이 든 사람, 젊은 사람, 우울한 사람, 쾌활한 사람 등등 여러 유형이었다. 어떤 무당들은 대체적으로 단정한가 하면 또 더러는 자포자기한 듯한 무당들도 있었다. 그러나 그녀들과 비교하면 순박하고 겸손한 우리 여성 신자들은 얼마나 좋은 대조가 되는지. 우리의 여성 신자들은 자애로워서, 항상 자기들끼리 싸우는 그 무당들에게서 호의와 애정을 얻었다.

나는 또 감옥 안에서 네 명의 광대를 보았다. 그들은 하층 계급의 흉측한 자들이었고 노름으로 시간을 보냈다. 그 당시 채무 죄수들이 상당히 많아서, 모두 65명이나 되는 죄수들이 감옥 생활을 하고 있었다.

[포도청의 업무가 재개된 이후로 포도청에서 우리의 송사를 취급할 것이라고, 우리를 이렇게 감옥 안에서 썩도록 놔두지는 않을 것이라고 생각하였다. 5월 11일, 나는 젊은 여성 신자가 요한 노인에게 "그러니까 주교님께 말씀드리세요."라고 하는 소리를 들었다. 나는 무슨 일로 그러는지 알 수 없었고 또 아무도 내게 말해 주지 않기에 요한 노인에게 "무슨 일인가?" 하고 물었다. 노인은 심각한 얼굴로 나를 바라보더니, "주교님, 내일이면 아시게 됩니다." 하고 말하였다. 이 대답은 내 궁금증을 더욱 키우기만 하였다. "내일이면 모두 알게 될 일을 오늘 저녁에 말 못 하는 이유는 무엇인가?" 하고 요한 노인에게 말하였더니, 그는 깊이 생각한 후 이렇게 말하였다. "조정에서 명령이 내려왔답니다. 주교님과 저는 성 밖으로 끌려 나가 참수를 당할지 모릅니다. 신자들은 모두 저 송장실 안에서 교살을 당할 것이고요. 옥졸이 우리의 젊은 여교우의 목은 매기 싫다고 하니 그 교우에게는 독극물을 먹이겠지요. 이 소식은 확실하고, 5월 16일까지는 모든 게 종료될 것

이라고 합니다." 나는 요한 노인에게 "옥졸 두목은 어느 정도 우리의 친구라 할 수 있고, 특히 우리가 사형을 당하게 되었다는 것을 알게 되면 미리 우리에게 알려 주겠다고 약속한 바 있으니, 그 소식을 그에게서 들었다면 의심의 여지가 없겠군." 하고 답하였다. 이제 우리에게 남은 일은 죽음을 맞이할 준비를 하는 것뿐이었다. 하긴, 준비는 우리가 매일, 항상 하고 있었던 것이었지만, 우리는 한층 더 각별한 방식으로 준비를 하기로 하였다. 나는 신자들하고만 있어 본 적이 한 번도 없었고 우리들 속에 항상 비신자 몇 명이 끼어 있었으므로 신자들에게 고해성사를 줄 수가 없었다. 이러한 상황에 처한 나는 신자들에게 내일 주일에 공동사죄를 베풀 터이니 잘 준비하고 있으라고 일렀다. 그리고 이튿날인 5월 12일 아침, 감옥 문을 열면서 옥졸이 도둑 죄수 간에서 송장 한 구를 끌어냈는데, 그 모습이 내 눈에 익었으니 신자가 간밤에 죽은 것이었다. 그래서 알아보니, 앓고 있던 그가 전날 물을 좀 달라고 청하였는데 그때 옥졸이 힘껏 휘두른 몽둥이에 맞고 나서 숨을 거두었다는 것이다. 혹시 이곳의 모든 신자들을 이런 방식으로 죽이려는 것일까? 9시경에 나는 곧 감옥 안의 모든 신자들에게 공동사죄를 베풀겠다는 신호를 보냈다. 불행하게도 다른 죄수 감옥에 갇혀 있는 신자들에게는 알릴 수가 없었다. 감옥 한 구석에서 신자들은 조용히 묵상하였고 나는 사죄경을 염하였다. 2시간이 지나자 도둑 옥간에서 또 송장 한 구가 나가는데, 이번에도 신자였으니, 그 역시 아침의 신자처럼 굶주림과 고초와 학대로 죽은 것이었다. 요한 노인은 비교적 나에게 말하기가 용이한 위치에 있었으므로 나는 그의 고해를 절반은 들을 수 있었다. 그러고 나서 우리는 저마다 더욱더 깊은 묵상으로 들어가 우리에게 남은 생전의 마지막 시간을 침묵 속에서 보냈다. 그것은 아주 귀한 시간이었다. 우리와 함께 있던 비신자 여성들은 우리가 침묵하는 이유를 알고서 그 침묵을 방해하지 않으려고 조심해 주었다. 비신자 여성들이 말문을 열 때는 신자 여성들에 대한 조정의 잔인함을 비난할 때였다. 비록 신자 여성들을 알게 된 것은 불과 며칠 안 되었지만, 신자 여성들이 어떤 상황에서도 큰 용기를 보이자 신자 여성들을 높이 평가하고 좋아하였기 때문이다. 이제는 감옥 안에서는 물론이고 감옥 밖에서도 우리들의 사형 결정에 대해 공공연하게 말들이 오갔다.]

13일 월요일, 4시경에 형졸 하나가 목을 매는 데 쓰일 끈을 가져와 우리가 보는 앞에서 집행 공장 문에다 걸어 두었다. 물론 형이 곧 집행될 것이었다. 누구 차례일까? 나는 우리 신자들이 한 명씩 시체실로 끌려갈 때마다 마지막 사죄경을 염하여 줄 준비를 하고 있었고 나 자신의 차례가 올 것도 준비하였다. 만약 내 차례가 온다면, 나는 잠깐 사이에 이 감옥을 천국과 맞바꿀 것이며, 그렇게 되면 하느님과 성모님 그리고 모든 성인들을 만날 수 있을 것이며, 끝도 없는 영복을 누리리라! 이 얼마나 장엄한 순간인가! 5시경에 옥졸 두목이 우리 옥간으로 들어와 앉더니 느닷없이, "이게 무슨 날벼락이람! 오늘 저녁에 김 초시를 교살하라는 명령이 떨어졌어." 하였다. 김 초시는 자신의 관할 지방에서 세금을 걷어 들이던 아전이었는데, 장부에서 10만 프랑 이상이 비는 결함이 발견되어 잡혀 와 있었다. 이미 두 달째 감옥 생활을 하는 중이었지만, 비록 대부호였음에도 불구하고 정부에 진 빚을 다 갚을 수가 없었던 모양이었다. 그에게 여러 차례 형벌을 가하였는데도 채무 상환이 지연되자, 기다리다 지친 포도대장이 별안간 교수형을 집행하라는 명령을 내린 것이었다. 잠깐 사이에 준비가 다 끝나자 옥졸 두목이 감옥 안으로 들어가 그 수형자에게 시간이 되었노라고 알렸다. 나는 옥졸이 마당을 가로질러 가며 수형자에게 이렇게 말하는 소리를 들었다.

"갑시다. 우리가 가능한 한 모든 점을 고려해서 솜씨 좋게 할 터이니 겁내지 마시오."

그리고 단 3분 만에 모든 게 끝났고, 시체실 안에 송장 한 구만 달랑 남았다.

[이 사건은 수감자 모두에게 충격을 주었는데, 특히 지금껏 목숨만은 보장받았던 채무 죄수들에게는 더욱 그러하였다. 오로지 형졸들만

이 저희들의 직무를 수행하면서 그 올가미 줄을 가지고 장난치며 웃고 잡아당기고 하였다. 나는 그 불쌍한 영혼, 비신자의 운명보다 더 서글픈 것은 없다는 생각이 든다. 한평생 행복을 누리며 살았던들 비신자로 죽으면 그 무슨 소용이 있는가. 반면에 믿음을 가지고 하느님 안에 희망을 두는 자에게는 온갖 고초와 고통과 감옥 생활과 고문은 또 얼마나 하잘것없는 것이던가. 그러나 또한 자신의 신앙이 나약해지고 믿음의 불씨가 마음속에서 꺼지는 것을 그대로 놔두고 자신의 영혼을 구원할 생각도 하지 않는 수많은 신자들은 또 얼마나 불쌍한지! 또 매번 누군가의 교수형이 있은 다음엔 우리의 영혼에 이로울 만한 생각들이 얼마나 많이 드는지! 얼마 안 지나서 모든 옥간의 문들이 열리고 우스꽝스러운 의식이 또 진행되었으니, 겁에 질린 가련한 비신자 수감자들이 모두 입안의 침이 마르도록 힘껏 침을 내뱉어서 사형당한 이의 영혼이 혹시라도 자기들에게 와서 해치는 것을 막았던 것이다. 이것은 곧 비신자들이 최소한 영혼을 믿고 있다는 것이며, 비록 육신이 죽는다고 다 죽은 건 아니라는 것을 믿고 있음을 입증하는 것이다. 그 시신은 가족들이 와서 찾아다가 지방에 있는 선조들의 묘에다 매장하였다. 고인을 알고 있는 모든 지인들은 한결같이 "그 사람이 운이 없었을 뿐이지 죄인은 아니다."라고 말하였다. 유족을 비롯한 모든 이들이 그를 불쌍히 여겼다.]

화요일 아침이 되자 우리는 서로, 어쩌면 오늘은 우리 차례일지도 모른다고 생각하였다. 수요일도 역시 그랬고, 마침내 목요일이 왔는데 그 목요일도 지나갔다. 그렇다면 그들이 우리 일에 대해서 또 마음을 바꾼 것일까? 어쨌거나 우리로서는 알 수 있는 게 아무것도 없었다. 우리는 언제든지 그들이 원할 때를 위해 준비가 되어 있었다. 그렇기는 하지만 요한 노인은 점점 더 쇠약해져 자주 앓았고 보기에도 딱한 모습이었다. 나 역시도 몹시 약해진 것이 느껴졌고 기운이 점점 없어졌다. 포졸들도 나를 보고는 "사람이 많이 달라졌네! 여기서 고생이 심하군!" 하고 말하였다.

내가 감옥에 들어온 초기에는 내부에 공기도 통하였고, 감옥 안에서 몇 걸음 걸을 수도 있었다. 하지만 이제는 죄수들이 하도 많아서 옥 안이 넘쳐 났으니 꼼짝도 할 수 없는 것은 물론이고 더위가 시작되는 게 느껴지면서부터는 우리 옥간에서 점점 더 고약한 냄새가 풍겼다. 특히 도둑 죄수로 붙들려 온 여자 세 명이 우리 옥간으로 들어온 다음에는, 두 여자에게 딸려 있는 두세 살짜리 여아 두 명의 불결함과 아이들의 까다로운 성미와 고함 소리로 감옥 안이 더욱 고통스러웠다.

그 무렵에 꽤 선량한 포졸 두목 하나가 나를 찾아와서 이렇게 말하였다.

"신부들 소식도 없고 신부들을 찾아내지도 못하고 있소. 내 생각엔 분명 신부들이 떠난 것 같으니 추적할 필요도 없을 것 같은데, 당신 생각은 어떻소?"

"외부와 통하지도 않는 내가 이곳에서 무엇을 알겠소만, 조선에 남아 있는 것이 어려운 사정이고 보면 신부들이 떠났을 수도 있겠지요."

"그럼, 그럼. 나도 그 생각이오. 그들을 찾을 필요도 없을 것 같아요."

"나도 그렇게 생각합니다. 시간만 낭비하고 괜한 고생만 할 것입니다."

나도 그렇게 거들었다.

이렇게 해서 신부들이 중국으로 피신해 갔다는 소문이 널리 퍼질 수 있었다. 그것이 나쁘지는 않았는데, 나쁘기는커녕 오히려 그 소문으로 인해 신부들이 이제 조선에 남아 있지 않을 거라고 생각한 포졸들이 신부들을 추적하기를 자연히 그만둘지도 모르기 때문이었다.

[가끔 포졸들은 그저 시간을 보내러 혹은 업무상으로 우리의 옥간으로 찾아왔다. 하루는 포졸 하나가 찾아와서 내게 말을 걸었는데, 내가 알지도 못하는 그 사람이 몰상식하게 말을 붙이기에 대꾸를 하지 않았다. 그랬더니 내게 욕설을 하면서 "어랏, 이놈이! 묻는 말에 대답도 하지 않고 감히 내 앞에 버티고 앉아 있어?" 하였다. 그러고는 "자, 봐라." 하면서 자기의 통부를 내게 보이더니 "이젠 내가 누군지 알겠

느냐?" 하였다. 내 쪽에서 여전히 묵묵부답하고 요지부동하자 크게 화를 내고 욕설을 거듭 퍼부으며 자리를 떠났다. 잠시 후에 옥졸 두목이 오자, 내가 당한 모양새에 분개한 수감자들이 조금 전에 일어났던 일을 그대로 이야기하였다. 그러자 옥졸 두목은 "주교께 그런 언사를 사용하는 자가 누구더냐? 우리 모두가 존경하는 이분에게 감히 누가 여기서 그 따위 말을 지껄일 수가 있더란 말이냐!" 하였다. 다른 포졸들도 곧 조금 전 일어났던 일의 사정을 알게 되었고 그리하여 내게 와서 용서를 청하였다. 그들은 말하기를, 그런 언사를 사용한 자는 분명코 주교를 알지 못하는 못 배운 자일 것이고 또 틀림없이 술에 취해 있었을 것이니 그러지 않고서야 그 무례한 행동을 어떻게 설명할 수가 있겠느냐고 하였다. 그래서 내 쪽에서도 그들을 달래려고 "나는 욕설 따위에 그리 마음이 상하지는 않는다. 다만 지금껏 포졸들이 항상 나를 존경해 왔고 내 처지를 딱하게 여겼기에 그자의 행동이 의외여서 놀랐을 뿐이다." 하며 그들을 위로하였다. 그들이 나를 존경하였고 나의 처지를 딱하게 여겼던 것은 사실이었, 최소한 내 앞에서는 그랬다. 사실 그들이 속으로 무슨 생각을 하는지, 또 내 뒤에서는 무슨 말을 하는지 그런 거야 알 수 없지 않은가! 나는 그들을 반만 믿었고 항상 나의 언행을 각별히 조심하여 누구에게도 상처를 주지 않으려 하였으며 또 그렇게 함으로써 나에 대한 어떠한 소송거리도 제공하지 않으려고 하였으니, 그것은 신자의 도리에서 벗어나는 것도 아니며, 또 하느님의 가장 큰 영광을 위해서 그리고 조선 천주교회의 공동선과 영혼 구원 사업을 위해서 주교로서 유지해야 할 의무에서 벗어나는 것도 아니었다.]

이렇게 하루하루가 지나갔고 새로운 소식이라고는 아무것도 없었으며, 이따금씩 새 죄수들을 끌어들이는 형리들의 을씨년스러운 외침 소리만 들렸다. 이 외침 소리로 인해 생기는 울적한 마음은 또한 어떤 죄수가 석방되어 나간다는 것 같은 형졸의 반가운 외침 소리로 종종 위로받기도 하였다. 누군가 석방이 되어 나갈 경우, 우리는 그 복받은 자를 축복해 주었다. 그러고는 자연스럽게 저마다 자신이 석방되는 생각으로 돌아오게 되니, 누군가의 석방은 우리에게 희망을 주곤 하였다.

부유한 죄수가 석방될 때면 그는 으레 가난한 도둑 죄수들에게 쌀 몇 말을 선물하곤 하였다. 그러면 그날은 죄수들에게 잔칫날이 되었다. 그날 밥을 짓는 일은 도둑 죄수가 맡아 하는데, 그는 이러한 경우에 고사를 지내는 일을 결코 빠뜨리지 않는다. 이 고사라는 것을, 죄수들 가운데서도 살림이 넉넉한 자들은 끼니 때마다 지냈다. 고사는 이렇게 지냈다. 밥상을 들여오면 밥을 지은 자가 밥 한 숟갈을 떠서 옥졸에게 건네준다. 그러면 그는 그것을 도둑 죄수들 옥간에 걸려 있는 어떤 그림 앞에다 갖다 놓는다(나는 그 그림을 본 적이 없다). 그러고는 두 번째 밥술을 떠서는 형 집행실 혹은 시체실 창살 너머로 있는 힘을 다해 뿌리면서 "아무개가 어서 나가게 해 주십시오."라고 그 장소에 붙어 있는 귀신에게 주문 내지는 기도를 바치는 것이다. 모든 죄수들을 위한 고사일 경우에는 "죄수 모두가 내일 아침이면 모두 나가게 해 주십시오."라고 외치는데, 그때 죄수들은 "아니오. 오늘 저녁이오, 오늘 저녁."이라고 외치고, 그러면 제주는 "죄수 모두가 오늘 저녁에 다 나가게 해 주시어 한 사람도 남아 있지 않게 해 주십시오."라고 다시 고축하였다. 이 모든 것이 웃고 농담하고 펄쩍펄쩍 뛰면서 치러졌다. 나는 그들이 그것을 꼭 믿는 것은 아니지만 그렇다고 이러한 거짓 의식이라도 못 하게 한다면 무척 두려워할 것이라는 생각이 들었다.

[특히 무당들은 결코 여기에서 빠질 수 없었다. 밤에 불을 끄면 사방에서 도깨비와 귀신이 보인다고 무서워 떠는 무당들이라 고사를 빠뜨릴까 봐 벌벌 떨었으니, 무당들은 귀신에 대해 끔찍한 공포심을 지니고 있었다. 사악한 영을 몰아내려고 불려 다니는 무당들이 말이다! 5월 말에 들어서 숨이 막히는 더위가 이어졌다. 우리의 옥간은 공기도 통하지 않아서 나는 이곳에서 여름을 지내기 어려울 거라는 느낌이 들었다. 요한 노인은 자주 몸이 아파서 염려스러웠던 적이 한두 번이 아니었다. 만일 그가 죽는다면 나는 어떻게 될까? 연로한 나이와 지혜로 어느 정도 권위를 갖추고 있어서 지시를 내리는 것도 바로 그였기

에, 그는 마치 우리 옥간의 왕과도 같은 존재였다! 뿐만 아니라 그는 내게 마치 모든 사람을 막아 주는 울타리와도 같은 역할을 하였으니, 외국인인 나는 그의 뒤에 숨어서 가능한 한 이목을 끌지 않고 있었다. 신중을 기하기 위해서 나는 오로지 그에게만 말을 건넸을 뿐, 그 많은 수감자들과 함께 감옥 생활을 하는 내내 그들과 직접 말을 주고받은 적은 한 번도 없었다. 심지어 여성 신자들에게도 직접 말을 건넨 적 없이 나는 매우 조심성 있고 신중하게 행동하였다. 우리는 여전히 겨울 옷을 입고 있었다. 5개월 전부터 입고 있었던 옷은 더러웠고 악취를 풍겼으며 거의 썩었다. 나는 여러 차례 다른 옷을 달라고 요구하였으나 그때마다 포졸은 주겠다고 약속만 하였지 아무리 기다려도 약속을 지키지 않았다. 우리는 옷 안에 잔뜩 채워 넣은 솜을 걷어 낼 수밖에 없었다. 그랬더니 옷은 좀 가벼워졌으나 더럽기는 마찬가지였다. 이와 벼룩은 계속 물어 댔고, 깔고 있는 거적에서는 악취가 풍겼으며 우리와 함께 갇혀 있던 두 아이까지 옥간에 악취를 더하는 데 가세하였다. 도둑 죄수로 들어온 젊은 여자 셋은 터무니없이 무례한 행동들을 아무렇지 않게 해 댔다. 나는 몇 번이나 벽을 향해 돌아앉아야만 하였는지! 나는 요한 노인에게 그것에 대해 불만을 토로하였고 노인도 어쩔 수 없이 한마디 충고를 하였다. "우리가 처해 있는 상황에서 모두들 옷이 부족하고 모든 게 부족하다는 걸 알지만, 그래서 엄격한 옷매무새를 요구할 수 없다는 것도 알지만, 그렇게 저마다 이해하고 있는 만큼 남들의 감정도 상하지 않도록 알아서 조심을 해야 하는 것이오." 그러자 옥간 끝 쪽에 자리잡고 있던 노파가 맞장구를 쳤다. "그거 좋은 말씀이오. 정말이지 저 세 여자의 단정치 못한 옷매무새 때문에 내가 기분이 상한다니까요!" 이 비판에 힘을 얻은 요한 노인은 이렇게 덧붙였다. "그래요. 이 할머니를 봐요. 이분은 연세가 72세나 된 데다 이곳에 계신 지도 오래되었고 고생도 많이 하였지만 단정치 못한 옷매무새를 한 것을 한 번도 본 적이 없소. 그렇기는커녕 항상 아주 단정하시고 겸손하시기까지 하오. 오히려 노인들의 행실이 올바르니 댁들도 그만큼만 할 수 없겠소?" 충고는 훌륭하였지만 그 충고가 항상 지켜졌을까? 그것에 대해서는 어떻다고 말할 수 없으니, 저 비신자들 세계에 윤리라는 게 있었던가? 그렇지만 그 여자들이 본성이 나빠 보이지는 않았다. 오히려 유순하고 내성적으로 보였으며, 심지어 첫눈에는 겸손하게도 보였다. 그러나 그 여자들은 교육을 받지 못한 사람들이고 또 도둑이라는 사실을 상기해야 했다. 만일 그 여자들이 교육을 받았다면 그러한 인성은 바뀌었을 터이고 그러면 온갖 미덕으로 아름답게 꾸민 여자가 되었을 것이다. 그러니 이 불쌍한 비신자들이 얼마나 딱한가! 하느님께서 믿음의 광명으로 그들을 조명해 주시기를 기도하자! 이러한 상세한 내용들을 통해서 여러분은 내가 처해 있는 상황을 잘 볼 수 있을 것이다. 주교로서 이 무슨 처지인가! 나는 막센티우스Maxence 황제에게 형을 선고받고 마구간에서 짐승들을 돌보며 살았던 성 마르첼로Marcel 교황 생각을 몇 번이나 하였던가! 그 생각은 내게 용기를 주었고 힘을 주었다. 그리고 더 최근의 본보기로는 나의 선임자들이 계시지 않은가. 세 분 주교님과 나의 동료 선교사들이 지어진 지 50년도 더 된 바로 이 감옥을 거쳐 가시지 않았던가. 어쩌면 그분들도 나와 같은 감옥에서 감옥 생활을 하셨을까? 만일 이 옥간의 벽이 말을 할 줄 알았다면 나는 얼마나 많은 일들을 알 수 있었겠는가! 또한 러시아와 독일에서 감옥 생활을 하고 있는 수많은 다른 주교들을 내가 어찌 생각하지 않을 수 있었겠는가? 나의 벗이며 생 쉴피스 동창인 마쎄도Macedo 주교는 그곳 간수들한테 나보다 더 나은 대우를 받았겠는가? 추방되어 유배살이를 하고 있는 지금의 나에게는 여전히 스위스와 폴란드의 주교들이 본보기가 되고 있지 않은가. 어느 시대든 어디에서든 박해는 있다! 불쌍히 여겨야 할 이들은 박해로 고통을 받는 사람들이 아니라 박해자들이며, 박해에 굴복하여 배교하는 자들이다!

이렇게 우리의 하루하루는 고통 속에서 흘러갔고, 포청에서는 또다시 우리를 잊은 듯 우리를 염두에 두고 있지 않은 것 같다. 이렇게 오랜 투옥 생활은 신자들에게는 끔찍한 시련이다. 이것은 마치 날마다 하는 긴 순교와도 같다. 머릿속이 멍해지고 육신은 쇠약해지며 성격은 까다로워진다. 강한 믿음, 꾸준한 신심 그리고 특히 진정한 겸손, 이러한 것들만이 오로지 하느님의 은총의 힘과 더불어서 우리의 의욕이 꺾이는 것을 붙들어 주고 우리가 권태와 절망에 굴복하지 않도록 막아 줄 수 있다. 시련이 고될수록 은총의 도움이 더욱 잘 느껴진다. 나와 함께 있던 신자들은 끈기 있게 기도 안에 있었고, 하느님 안에 신뢰를 두고 거룩한 섭리에 자신을 의탁하였다. 그러면서도 때로는 우리가 언제까지 이렇게 기한도 내다볼 수 없는 상황 속에 있어야 하느냐는 소리가 들리기도 하였다. 그러다가 어느 순간에는 어쩌면 석방되리라는 희망이 다시 살아나기도 하고 그러면 그들의 가족과 아이들과 부모에 대한 추억이 꿈처럼 펼쳐지지만, 그 꿈의 끝은 여전히 감옥이고 항상 감옥이며 끝나지 않는 감옥 생활인 것이다! 그러면 그들은 조용히 묵상하며 자신의 부모를 위해 기도하였고 또 자신에게 힘과 용기와 꾸준함의 은총을 주십사고 청하기도 하였다.]

7. 자유를 향하여

 성모승천대축일 다음 날인 5월 31일, 우리는 좌우 포도청의 두 포도대장이 이튿날 감옥 부속실인 포졸 처소에서 공판을 연다는 소식을 들었다. 공판이 열리면 물론 새로운 소식이 있을 터이고, 분명코 우리에 관한 송사를 다룰 터인데, 관건은 무엇일지? 그것은 알 수 없는 노릇이었다. 아무튼 이는 희소식이니, 우리로서야 감옥 안에서의 구류 기간이 연장되는 것보다 더 고통스러운 일이 있겠는가?

 이튿날, 6월 1일이 되자 과연 옥 밖에서 부산스러운 움직임이 있었다. 우리와 가깝게 지내던 한 죄수가 은밀히 이르기를, 공판은 나에 관한 것이고 두 포도대장이 나를 문초하려고 일부러 나오는 것이니 내가 다시 포도대장 앞으로 출두해야 한다고 하였다. 잠시 후 의관을 갖춘 포교 한 명이 모습을 나타내더니 자기를 따라오라고 청한다. 그를 따라 마당을 가로질러 가면 옥문이 열리고, 그러면 나는 두 줄로 늘어서 있는 포졸들 한가운데 가서 서는데, 내 앞에는 두 포도대장이 있었다. 이 공판 장면에 대해서는 내가 앞에서 묘사하였으니 두 포도대장은 여러분도 알고 있는 그때와 같은 인물들이었다. 그러나 의복에는 변화가 있었는데, 오늘은 사복 차림의 양반 의복을 입고 있었다. 아름다운 비단 옷에, 옥로玉鷺라고 불리는 경옥으로 만든 조각품이 달려 있는 넓은 갓을 썼고, 두 사람 모두 손에 부채를 들고 조용히 앉아서 북쪽 지방에서 나오는 질 좋은 담배를 긴 담뱃대에 넣어 피우고 있었다. 양쪽에 포졸들이 도열하고 있다고는 해도 대부분 포졸 두목들일 뿐 주장대朱杖로 무장하고 있던 남자들도 오늘은 없고, 붉은 오랏줄로 나를 묶지도 않는다. 포졸들은 약간은 나를 보호하기 위해 경호하는 듯한 분위기에서 마치 우정이 담긴 미소를 띤 듯한 시선으로 나를 바라본다. 나에게 원하는 게 무엇이며, 도대체 무슨 일일까? 나는 형벌을 받으러 가는 줄로만 믿고 나왔는데, 이 모든 게 내 생각이 틀렸음을 말하고 있다. 만일 내게 종교의 자유를 허락하고 우리에게 조선 체류와 선교를 허락한다면…… 그렇게만 된다면 얼마나 멋진 일인가! 아주 잠깐 사이에 수많은 상념이 머릿속을 스쳐 지나갔다. 그러나 이 모든 생각은 내면에서 그려진 것이고, 나는 겉으로는 진짜 조선인처럼 무심하게 서 있었다. 나를 마당 한가운데 깔아 놓은 멍석 위에 앉혔다. 두 포도대장이 나를 주시하더니 좌포도대장이 먼저 말문을 열었다.

"건강은 어떠냐? 많이 고생하였느냐? 안색이 몹시 달라졌구나!"

그러자 거기 있던 모든 포졸들이 웃으며 저희들끼리 이렇게 말하였다.

"그렇네. 안색이 아주 창백해졌고 몸이 몹시 말랐어."

내가 대답하였다.

"나는 그럭저럭 괜찮으나, 감옥 생활을 하면서 어찌 고생이 없겠습니까! 앓은 적은 없지만 몸이 약해졌고 하루하루 기운이 빠져나가는 것을 느끼겠습니다. 그래서 이런 말을 드려도 괜찮다면, 다섯 달째 해를 보지 못하고 지내던 내가 이렇게 뜨거운 햇빛에 노출되어 여기 앉아 있다가는 심한 두통이 생길지도 모르고 어쩌면 일사병에 걸릴지도 모를 일입니다."

포장이 말하였다.

"오! 그렇구나! 그를 이리로, 우리 가까이로 다가와 그늘 속에 앉게 하여라."

내 공판의 시작은 그리 나쁘지는 않았는데, 도대체 무슨 일일까? 포장은 문서 한 장을 펼치더니 내게 물었다.

"이약망Ni-yak-mang을 아느냐?"

나는 잠시 생각을 하였고 그리고 대답하였다.

"아닙니다. 나는 그 사람을 모릅니다."

"약망이, 생각나는 게 없느냐?"

"모릅니다. 나는 그런 이름을 알지 못합니다."

그는 집요하게 물었지만 나로서는 답변을 줄 수가 없었다. 한참 뒤에 요한 노인이 '약망'은 '요한'의 한자 표기라고 그들에게 알려 주었다. 이 설명이 그들 마음에 들었던 모양이었다.

"이(요한)약망이 천주교인인데 네가 전혀 모른단 말이냐?"

"모릅니다. 나는 그 사람이 어디에 있는지도, 누구인지도 모릅니다."

그러자 그가 내게 물었다.

"백나리Paik-na-ri에 대해서는 생각나는 게 있느냐? 그자를 아느냐?"

"아닙니다. 나는 모릅니다. 그것이 사람 이름인지 아니면 지역 이름인지 그것조차도 모릅니다."

그들은 한참 동안 그 이름을 해독해 보려고 애썼다. 그에 대한 명쾌한 해석을 얻어 보려고 그들이 한 질문들이라는 게 너무나 터무니없어서 여기에 모두 옮겨 적을 수는 없지만, 그들은 그 이름 해독에 큰 중요성을 부여하고 있는 것 같았다. 그러고는 곧 이 모든 것이 우스꽝스러운 희극으로 변해 갔다.

"너희 나라 말로는 이 이름을 어떻게 발음하느냐?"

"이 이름을 내가 알지 못하니 그것을 어떻게 발음한다고 말하기는 어렵습니다."

"그렇다면, 백나리를 불란서어로 어떻게 발음하겠느냐?"

난감하였던 나는 이렇게 대답하였다.

"그거야 백나리라고 발음하겠지요."

"아니다. 그렇지 않다."

이런 식으로는 절대 답을 얻을 수 없을 것이라고 내가 아무리 말을 해도 그들은 여전히 고집하였다. 그때 포졸 두목 한 명이 내게 다가와서 웃으며 말하였다.

"네 조선 이름이 복명$_{Pok\text{-}Myeng\text{-}i}$이라고 하였지."

"그렇소."

"복$_{Pok}$은 불란서 말로 페릭스$_{Hpe\text{-}rik\text{-}se}$지."

"그래요. 펠릭스$_{Felix}$요."

"명$_{Myeng}$은 크레라$_{ke\text{-}lai\text{-}ra}$라고 하였지."

"그렇소, 클레르$_{Clair}$요."

"그러니까 이와 같은 방법으로 백나리가 불란서 말로 무엇인지 말해 보라는 것이다."

"글자를 보여 주시오."

내가 말하였다.

"그럴 필요는 없고, 백Paik을 네 나라 말로 옮기면 어떻게 되느냐?"

"도대체 어떤 '백'을 말하는 것입니까? 조선어로 흰색을 뜻하는 '백'도 있고 숫자 100을 일컫는 '백'도 있지 않소?"

"방금 말한 그 '백'을 조선말로 써 보아라."

내게 붓을 건네주기에 나는 프랑스어의 100cent을 조선어로 '성seng'이라고 썼다.

"그러면 '나na'는 불란서 말로 어떻게 발음하느냐?"

"'나'는 대명사로 '무아moi'라고 하지요."

"그것을 적어 보아라."

나는 조선어로 '모아'라고 적었다. 두목은 의기양양하였고 문제가 다 해결될 줄로 생각을 하였는지 자신에 차 있었다. 나는 기꺼이 이 희극에 동참하려고 노력하면서도, 이런 식으로는 목적을 달성하지 못할 것이라는 의견을 기분이 상하지 않도록 재치 있게 전달하였다.

"그러면 '리ri'는 불란서 말로 어떻게 말하는가?"

"조선 말에는 '리'가 여럿이 있으니 어떤 '리'를 말하는지요?"

"거리를 측량하는 '리' 말이다."

"불란서에는 '리'가 없고 대신 조선의 10리에 해당하는 '리유lieue'가 있지요."

"그것을 적어 보아라."

나는 또 가급적이면 'lieue'에 가장 가까운 발음이 되도록 '류$_{rieu}$'라고 적었다. 그렇게 내가 적은 것을 모으니 '성$_{seng}$-모아$_{moa}$-류$_{rieu}$'가 되었다. 포졸 두목은 아주 의기양양해서 결과물을 포도대장에게 가져갔다. 처음부터 끝까지 많은 관심을 가지고 인내심 있게 이 촌극을 지켜보고 있던 포장이 그것을 받아 '성모아류'라고 적힌 것을 읽고서 말하였다.

"그렇다면, '성모아류'라는 제 나라 사람을 알고 있는지 그에게 물어보아라."

나는 터져 나오는 웃음을 참을 수 없었고, 그런 이름을 가진 사람이 있는지 기억을 더듬을 필요도 없었다.

"아닙니다. 나는 이런 이름을 가진 사람을 모릅니다."

모두가 실망한 기색들이란! 처음부터 헛짚었으니 당연한 일이 아닌가. 그럼에도 불구하고 그들은 좌절하지 않았으니, 사람 이름인지 아니면 장소 이름인지 그들이나 그들보다 나을 것 없는 나나 똑같이 모르는 두세 개의 이름을 가지고 우리는 똑같은 수순을 밟아야 하였다. 물론 그 이상의 성과는 없었다. 성과도 없었던 그때의 장면을 여러분에게 묘사하는 것은 삼가겠다. 꽤나 길었던 문초는 내내 그렇게 진행되었다.

일반적으로 유럽어 이름을 한자로 번역할 때에는 의미를 따르거나

음을 따른다. 심지어는 거의 이름의 첫 음절만 한자로 번역하는 것으로 만족하는 때도 종종 있다. 따라서 중국에서는 그 사람을 모르는 채 한자만 가지고 유럽인의 이름을 찾아내는 것이 어렵다. 그런데 조선에서는 종종 한자가 중국과 다른 발음을 가지고 있기 때문에 중국에서의 어려움은 조선에서는 가히 극복될 수 없는 불가능이 되고 만다.

하루는 내가 그 굉장하였던 그 '성모아류' 일화를 이야기하자 그 자리에 있던 동료 하나가 '백나리'가 혹시 브르니에Brenier 씨가 아니겠느냐고 하면서, 중국인들은 브르니에 씨를 거의 '배러니Pai-re-ni'로 발음한다고 하였다. 지금까지 그 사실에 대해서 확실히 알아보지는 못하였으나, 그의 말도 아주 틀린 말은 아닌 듯한 것은, 그날 문초가 끝날 무렵에 포도대장이 이렇게 물었기 때문이다.

"현재 북경에 주재하는 네 나라 공사의 이름이 무엇이냐?"

"현재 북경 주재 불란서 공사 이름은 브르니에 드 몽모랑Brenier de Montmorand 자작입니다(나는 그 이름을 불란서 말로 발음하였다)."

모두가 또다시 그 이름을 발음해 보려고 애를 썼고, 그 이름 중 '몽모랑'이 한 단어만 능란하게 발음해 냈다. 하지만 그것이 '백나리'[84] 와는 얼마나 거리가 먼 것이었는지! 또한 그것은 내가 번역한 '성모아류'와도 거리가 먼 것이었다.

"너는 네 나라 공사를 아느냐?"

"네, 압니다. 공사를 몇 차례 만난 적이 있습니다."

"공사는 언제부터 북경에 주재해 왔느냐?"

"2~3년 전부터입니다."

대화가 활기를 잃어 가자 포도대장은 그 이상 내게 무엇을 물어보아야 할지 모르는 것처럼 보였다. 나는 침묵을 이용하여 이렇게 말하였다.

"내가 감옥에 들어와 있은 지 오래되었는데, 정부에서는 아무런 결정도 하지 않고 있습니다. 만일 내가 국왕을 뵈올 수 있다면 내가 그분께 청을 드리겠지만, 내가 국왕 앞에 나설 수 없으니 대신 나의 말을 그분께 전해 달라고 재판장님들께 부탁드립니다. 재판장님들께서도 익히 아시겠지만 천주교는 오직 선善을 가르칠 뿐이며, 사람들에게 나쁜 소행을 삼가고 공정한 사람이 되고 훌륭한 백성이 되라고 가르칩니다. 지금까지 나라에서는 무익한 구실을 들어 천주교를 삼가 왔습니다. 조선 국왕의 생각을 미처 헤아릴 수는 없으나 감히 재판장님들께 청하건대, 우리가 조선에 머물면서 천주교를 전파할 수 있도록 허락하여 주십사 하고 국왕께 간청드려 주십시오. 그렇게 되면 조선 왕국과 정부도 큰 이익을 얻게 될 것입니다. 이것이 나의 마음이 가장 바라는 바이며, 이것이 내가 국왕께 말씀드리고 싶은 것입니다."

재판관 이경하는 나를 쳐다보더니, 가소롭다는 듯이 미소를 짓고는 퉁명스러운 어조로 거의 들리지 않게 내게 물러가라고 명령하였다. 나는 다시 감옥으로 끌려갔다. 죄수들이 전부 내게 눈길을 돌려 무슨 일 때문에 불려 갔는지 또 재판장의 결정은 어떻게 내려졌는지 짐작해 보려고 애썼다. 처결은 나도 모르겠고, 관건이 무엇이었는지 나 또한 알 수 없었으니, 그만큼 이번 문초는 내게 시험 같았다. 그러면서도 나는 한편으로 그들이 외부로부터 어떤 공문을 받은 건 아닌지 하는 짐작을 해 보았다. 그렇다면 그 공문은 어디에서 왔을까? 공문의 취지는 무엇일까? 나는 그 수수께끼 속으로 들어가려고 애쓸 필요도 없었고, 그들은 그들이 원하는 대로 결정을 내릴 일이었다. 나는 모든 준비가 되어 있었고, 하느님께서 결정하시면 나는 그 길을 걸을 것이었다.

나는 요한 노인에게 조금 전의 일들을 이야기해 주었다. 그도 적지 않게 놀랐다. 포졸 두목 하나가 포도대장이 보내서 왔다며 또다시 내게 (이름에 대한) 설명을 요구하였다. 그는 심지어 요한 노인에게도 물어보았고 노인은 설명하느라 공연히 시간만 허비하였으니, 비록 어떤 유럽인의 유럽 이름을 안다고 해서 그것으로 그 유럽인의 중국 이름을 알 수 있는 것은 아니기 때문이었다.

두 포도대장은 모두 돌아갔다. 한 사람은 궁으로 들어갔고, 다른 한 사람은 대감[85] 댁으로 갔다. 그리고 감옥은 다시 고요해졌다.

며칠 전에 새로 들어온 죄수가 있었는데, 전주[86]읍의 아전이었다.

그는 감옥에 들어오자마자 유럽인 신부가 감옥 안에 있다는 얘기를 듣고는 나를 찾아왔다. 그리고 그다지 어색해하지 않으면서 편히 이야기를 하였는데, 자신은 천주교에 대해 종종 이야기를 들어서 알고 있었으며 자신의 벗들 중 상당수가 천주교를 실천하려고 관직을 떠났다고 말하였다. 또 덧붙이기를, 그들은 모두 무엇 하나 나무랄 데 없는 선량하고 정직한 사람들이라고 하였다.

"그런데 당신은 왜 천주교에 입교하지 않았습니까?"

그가 대답하였다.

"나는 나의 입지를 유지하였습니다. 내 처를 버리고 싶지도 않았습니다. 나는 계속 우리나라의 풍습에 따라 삽니다만, 천주교인들을 존중하고 또 그들을 좋아합니다."

"당신네 동네에서 신자들이 많이 붙들려 갔습니까?"

"아닙니다. 한 사람도 붙들려 가지 않았습니다. 심지어 신자들을 수색하지도 않아요. 게다가 아무에게도 악한 짓을 하지 않는 사람들을 붙잡아다 무엇을 합니까?"

"신부들을 체포하였다는 소식은 들었습니까?"

"포졸들이 신부들을 열심히 찾아다니기는 하였지만 찾지 못하였고 내가 알기로는 지금까지 단 한 사람도 체포되지 않았습니다."

그 말은 내가 듣기에 정확한 소식 같았는데, 듣고 나니 참으로 다행이다 싶었다. 아무런 겁도 없이 이렇게 허심탄회하게 말을 하는 사람을 만나기란 드문 일이다. 그는 요한 노인에게 제 사정 이야기를 하였는데, 채무 때문에 감옥에 들어왔지만 그것을 갚을 돈이 한 푼도 없다고 하였다. 그러면서 이렇게 말하였다.

"내가 곧 죽게 될 거라는 것은 나도 압니다. 하지만 사람이 한 번 죽지 두 번 죽습니까?"

저런! 사람이 한 번 죽는 거야 맞는 말이지만 그 불쌍한 영혼은 어떻게 되는가! 나는 그를 입교시키고 싶은 마음이 절실하였지만 시간이 부족하였다.

6월 3일, 그가 어느 날처럼 우리 옥간으로 와서는 요한 노인에게 이런 말을 하였다.

"주교를 자기 나라로 돌려보낸다는 소리가 사방에서 들리던데요. 그 나라 정부에서 주교를 돌려보내라고 요구하였답니다."

우리는 그런 소문에 너무나 익숙해져 있던 터라 그 소리를 믿지는 않았지만, 한편으로는 그것도 가능한 일일 것이라 여겼다. 그리하여 서로 헤어질 경우를 대비해서 나는 요한 노인과 함께 필요한 모든 조치를 취하였다. 며칠 뒤에 그 가련한 아전을 다시 보았는데, 법정에서 혹독한 형벌을 받은 끝에 의식을 잃고는 고개를 늘어뜨린 채 관속官屬의 등에 업혀 나왔다. 의식불명 상태에서 그를 깨우고 온 상처를 싸매 주는 데 거의 1시간이 걸렸다. 그리고 그날 이후로 그에 대한 소식은 더 듣지 못하였다.

8. 석방

  6월 5일, 나는 주교 성성 기념일을 맞이하였다.[87] 신자들에게 이것을 알리고 함께 기념하였으니, 감옥 안에서 축하를 받았다!

  아전인 포졸 두목이 정복을 갖추고 우리 옥간 문 앞에 나타나서 내게 이렇게 말하였다.

  "주교복을 입고 나를 따라오시오."

  또 무슨 일일까? 노인과 악수를 나누고 모든 신자들에게 강복을 준 후 아전을 따라 나서니, 아전은 나를 감옥 밖으로 인도하여 비어 있는 포졸들 방으로 데려갔다. 그리고 내게 씻을 물을 주었으니, 내게 참으로 필요한 물이었다! 여러분에게 말하지만, 나는 얼굴과 손과 발을 씻으면서 얼마나 기뻤는지 모른다. 햇살이 비추었고, 나는 거기에 자라

난 풀잎 몇 장을 쓰다듬었다. 도대체 얼마 만에 보는 풀들인가. 하늘을 한참 동안 바라보았다. 멀리 있는 산들도 볼 수 있었다. 이 모든 게 내게는 새로웠고, 모든 게 아름답게 보였다!

나는 산책을 할 수 있었는데, 조금 거닐자 상쾌하기는 하였으나 그동안 내 몸이 얼마나 쇠약해졌는지 느껴졌다.

포졸들 여럿이 나를 보러 왔다. 그들이 와서 하는 말이, 나를 중국으로 송환할 것이고 북경에서 나를 내 나라 사람들 손에 넘길 것인데, 지금은 내가 돌아갈 때 입을 새 옷을 짓고 있는 중이니 의복이 다 지어지면 출발할 것이라고 하였다. 나는, 만일 정말로 나를 돌려보내려고 한다면 포도대장이 어떤 식으로든 내게 그것을 통고할 것이라고 생각하였다. 그래서 나는 그들의 말에 믿음을 부여하기에 앞서 공식적인 통고를 기다려 보기로 하였다.

"떠난다니 기쁜가?"

"내가 어찌 기쁘겠소? 내 소원은 오직 하나뿐이니, 그것은 여기 남아서 교리를 가르치고 천주교를 전파하는 것이라는 것을 당신네들도 잘 알잖소. 그런데 나를 돌려보내고 신자들을 감옥에 남겨 두니, 내가 어찌 고통스럽지 않겠소?"

"신자들도 모두 석방시킬 걸세."

"그것이 정말입니까?"

"그렇고말고. 자신들의 스승이 떠나면 다들 앞으로는 아무것도 할 수 없을 터인데 무엇을 염려하겠소? 모두 다 집으로 돌려보낼 걸세."

"또다시 문초나 형벌을 받는 일 없이 석방됩니까?"

"그렇고말고."

말들을 어떻게 믿을 수 있을까? 나는 아무것도 믿지 않았다. 나는 그들이 얼마나 거짓말을 잘하는지 알고 있었으니까. 심지어는 그들이 나를 다른 장소로 데려가서 사형을 집행할지도 모른다는 생각도 들었다. 그래서 나는 앞으로 벌어질 모든 사태에 대해 준비를 하고 있었다.

내가 감옥에서 나와 포도청 포졸 숙소에 있으니 그곳에 가면 나를 구경할 수 있다는 소문이 삽시간에 온 장안에 퍼졌다. 그때부터 포도청은 정부 직원들, 부호들, 양반들 등등, 줄줄이 몰려온 구경꾼들로 장사진을 이루었다. 옥졸 서너 명이 군중을 저지하다가 잠시 후에 나를 어느 마당에 다시 가두어야 하였는데, 그러자 곧 구경꾼들이 마당의 벽을 타고 올라왔다. 포졸들은 자기 부모, 친지, 벗들을 데려와 나를 만나게 해 주었고, 그 바람에 나는 그 모든 방문객들을 상대로 그들이 묻는 말에 대답을 할 수밖에 없었다. 나는 하느님의 영광과 조선 천주교의 선익을 위해 최선을 다해 대답을 하였다. 이 서울의 주민들은 참으로 좋은 사람들이다. 때로는 심지어 양반들까지 30여 명이 몰려온 적이 있었는데, 모두가 내게 예의 바르고 친절하게 말을 하였다. 포도청 안에 관사를 두고 있는 감옥의 감독 관원은 가끔 나를 자신의 처소로 불러 자기 친구 몇 명과 함께 문을 걸어 잠그고 아주 편안하게 이야기를 나누기도 하였다. 그들은 자기네가 몰랐던 수많은 것들에 대해 배우면서 그 자리에 와 있다는 것을 큰 기쁨으로 생각하였으니, 나는 심지어는 조선에 와서 전파하던 천주교 교리에 대해서도 말할 수가 있었다. 그는 저녁에 자기 처소로 나를 부르기도 하였는데, 그의 질문들에 대답을 해 주다가 밤이 꽤 깊어서야 돌아온 적이 두 번이나 있었다. 그는 나의 이야기를 재미있게 들었고 총명하게 이해하는 것 같았다. 그리고 천지창조에 대한 설명에 감탄하였고 십계명 교리가 매우 훌륭하다고 말하였다. 나는 또한 그의 알선으로 궁중의 관인들을 만나는 기회를 갖기도 하였는데, 그들이 그에게 나를 소개시켜 달라고 부탁을 하였던 것이다. 이 나으리들이 평민들처럼 자신을 소개하는 인사를 하고 싶어하지 않아서 우리는 조선식으로 예의를 갖추어 서로 인사를 나누었다. 내가 예법에서 여러 차례 실수를 하였을 터인데, 그러나 내가 그들처럼 궁궐에 있는 사람이 아니라는 것을 그들도 잘 아니 나의 실수를 이해해 주었으리라.

모두들 내가 떠나는 것에 대해서 이야기하였고, 대부분이 "그를 돌려보내기로 결정한 것은 잘 한 일이다. 그것이 유일한 해결책이다."라는 말을 주고받았다. 그들이 하는 말을 들으니, 정부에서 나를 돌려

보내려 한다는 것이 명백한 사실인 듯하였다. 나는 주님 섭리의 이끄심에 나를 온전히 맡기는 수밖에 달리 아무런 할 일도, 아무런 할 말도 없었다. 한편 감옥 안에 남겨 두고 온 나의 가련한 신자들에 대한 생각이 머릿속을 떠나지 않았다. 하루는 포도대장에게 그 이야기를 하면서 "최 요한 노인을 볼 수만 있다면 얼마나 좋을까요." 하였더니 그가 이렇게 대답하였다.

"그 노인을 보고 싶소?[88] 그거야 쉽지요. 곧 만나게 될 게요. 내가 모두 불러 이리로 오게 하지요."

그러더니 곧 신자 모두를 차례차례 불러오라는 명을 내렸다. 신자들의 모습을 보니 위로가 되었다. 나는 그들에게 인내하며 하느님 안에 신뢰를 두라고 격려하였다. 그러나 나는 자유의 몸이 되고 그들은 죄수로 남아 있으니 얼마나 안타까운 일인가! 누가 이 시련의 큰 고통을 이해하겠는가! 신자들은 그동안 내가 함께 있어서 위로가 되었을 터인데, 이제 나는 그들 곁을 떠나지 않는가! 요한 노인이 제일 오래 내 곁에 있다가 감옥으로 돌아갔다. 요한 노인이 있는 자리에서 나는 포도대장에게 신자 죄수들은 앞으로 어떻게 되는지에 대해 물었다. 그는 서슴없이 대답하였다.

"모두 석방할 거요. 두목을 돌려보내는데 신자들을 붙들어 두어서 무엇을 하겠소?"

그것은 믿을 만한 말이 못 되었다. 요한 노인이 그 말을 믿지 못하는 기색이 역력하였다.

"그것이 확실합니까?"

나는 다시 한 번 물었다.

"그렇고말고요. 의심의 여지가 없지요. 당신이 떠난 후에 모두 집으로 돌려보낼 거고, 당신이 거처하던 집과 최 생원에게 속한 물건들 모두 그에게 돌려줄 거요."

노인은 함께 있던 자리를 떠나며 아주 슬프게 말하였다.

"아! 이제 다시는 주교님의 얼굴을 못 뵙겠지요!"

나 역시 가슴이 찢어지는 듯하였다.

"용기를 내시오. 우리는 분명 천국에서 다시 만날 것입니다."

그렇게 말하고 나서 그는 감옥으로 돌아갔고 나는 그 이후로 그를 다시 보지 못하였다.

포청에서는 우포청에 있던 나의 궤짝들을 좌포청으로 옮겨다 놓았다. 관인 여러 명이 보는 앞에서 궤짝들을 열고 그 안에 담긴 물건들을 마루판 위에 늘어놓았다. 물건들이 전부 뒤죽박죽이 되어 있었고, 깨지고 없어진 물건들도 있었다. 그들은 궤짝 안에 들어 있는 물건들의 목록을 작성해서는 내게 그것을 가져와 서명을 하라고 하였다.

"무엇을 서명하라는 겁니까?"

내가 그들에게 물었다.

"네 물건들을 돌려줄 터이니, 네가 직접 이 물건들을 확인하였다는 것을 이 물목物目에 서명하라는 것이네."

"뭐요, 내 집에서 압수해 간 물건들 중 4분의 3이 없어졌는데! 싫소. 나는 여기에 서명하기 싫고, 할 수도 없소."

그들은 깜짝 놀라며 잠시 낭패한 표정을 짓더니 금방 본래의 표정으로 돌아와서 이렇게 교활하게 말하였다.

"어쨌거나 우리와는 상관없는 일이야. 상부에서 우리에게 물목을 만들라는 명령만 있었으니, 우리는 이 물목 그대로 포도청에 올리면 되지."

그러고 나서 그들은 더는 내게 서명에 대해 언급을 하지 않았다. 비록 그들이 서명을 강요하였다 해도 소용이 없었을 터이니, 내가 서명을 하지 않기로 결심하였기 때문이다. 과연 많은 물건들이 없어졌다. 저마다 자기 마음에 드는 물건들을 가져간 것이다. 없어진 물건들은 모두 어느 정도 값어치가 나가는 물건들이었는데, 시계들, 성배聖杯들, 심지어 성유합들까지 모두 가져갔다. 내가 무척 소중히 여겼던 반지 하나를 넣어 두었던 작은 상자는 있었다. 그 반지는 내게 부제품과 서품을 주신 낭트 교구의 자크메Jacquemet 주교께서 기념으로 준 반지였다. 반지를 찾았지만 포도부장은 "그 안에 있을 텐데. 내가 어제도 반지를 보았거든." 하고 대답할 뿐이었다. 반지도 사라졌다. 그러니까 정부에서 내 물건들을 내게 돌려주라는 지시가 내려온 다음에도 그들은 내 물건을 훔쳐간 것이다. 그들은 물건들을 다시 궤짝에 넣고 온 정성을 다하여 궤짝을 잠그고 봉인하였다. 그러나 그것은 뒤늦은 예방책이었다.

모든 포졸들이, 특히 우포청 포졸들이 내게 와서 이번 송사가 다행스럽게 마무리된 것을 축하해 주면서, 이렇게 귀국 길에 오르니 얼마나 기쁘냐고 하였다. 그러나 나는 그들이 생각하는 것처럼 전적으로 기쁘기만 한 것은 아니었다. 그리하여 포도부장 하나가 이렇게 묻기까지 하였다.

"네 나라로 돌아가는 게 기쁘지 않은 모양인데, 네 나라에 반역하는 무슨 큰 죄라도 지었는가?"

나는 그저 이렇게만 대답하였다.

"아니오. 나는 내 나라에 반역하는 어떤 죄도 짓지 않았소."

딱한 사람들! 그들은 나의 마음을 이해하지 못하였다. 그렇다고 그들에게 나의 입장을 설명한다는 것은 쓸데없는 일이었고, 나의 장래에 대한 계획을 설명하는 것은 더더욱 소용없는 일이었다. 조선에서 강제로 추방된다고 해도 나는 나의 포교지를 포기하지 않는다. 하지만 언제 또다시 내 자녀들 가운데로 돌아올 수 있을까? 그리고 감옥에 남아 있는 신자들에게 지워진 운명에 대해서도 생각하였다. 그처럼 내 표정이 무겁고 심각해 보이는 데에는 그만한 이유들이 있었던 것이다.

또 어떤 이가 이런 말을 하는 것을 들은 적도 있었다. "정말이지, 하늘이 아끼는 사람인 모양일세. 무슨 복을 받은 거야! 이제껏 포도청에서 이런 일은 생전 처음 있는 일일세."

6월 10일, 질이 나쁜 천으로 지은 새 옷 한 벌을 내게 주며 이튿날 서울을 떠나야 한다고 말하였다. 저녁에, 꽤 늦은 시각인데, 우포청의 포졸 몇 명이 자기네 상관 이Ni와 함께 찾아왔다. 음흉하게 생긴 상관은 입가에 기분 나쁜 미소를 머금고 말하였다.

"네 나라로 곧 돌아가게 되었으니, 거기에 가면 조선 책들과 한문 책들은 가져가 봐야 아무도 읽을 줄 모를 터이니 필요가 없을 것이다. 그러니 궤짝에 들어 있는 모든 책들을 꺼내 여기 네 앞에서 전부 태우라는 포도대장의 명을 받고 왔다."

나는 이에 항의를 하고 싶었지만 소용없는 일이었다. 그것은 절대로 의견을 바꾸지 않는 포도대장의 명령인 데다가 더군다나 결정권을 쥐고 있는 포도대장 본인은 그 자리에 있지도 않았기 때문이었다. 그래서 다시 모든 궤짝을 열고 모든 책들을 검사하며 한문으로 씌어진 책들과 조선어로 씌어진 책들, 심지어는 유럽어로 된 책인데도 그 안에 한자나 조선어가 몇 글자라도 들어가 있으면 모두 골라내었다. 그러니 우리의 모든 수고본手稿本들, 언어에 관한 우리의 작업 원고들도 모두 검열에 걸리고 말았다. 다행히 이러한 사태에 미리 대비하여 가장 중요한 서적들은 사본을 하나씩 중국에 남겨 두었다. 그리하여 포졸들이 한쪽으로 골라낸 서적 중에는, 좀 더 잘 보완된 내 사전을 잘 간직하기 위해서 중국에서 가져온 리샤르 신부의 조선어─중국어─프랑스어 사전韓漢佛辭典이 들어 있었다. 또한 최근에 번역한 서적들이라 아직 사본이 없는 몇몇 서적들도 선별되었다.

그들은 해당 책들을 추려 낸 다음에 그 외의 대부분의 물건들을 궤짝 속에 뒤죽박죽으로 마구 던져 넣었다. 내가 '대부분'이라고 말한 이유는, 그날 저녁에 그들은 한자도 조선어도 전혀 들어 있지 않은 몇 가지 물건들까지 없애 버리려고 하였기 때문이다. 비록 극도로 피곤하였지만 내가 직접 궤를 다시 풀어 물건들을 좀 더 정돈하여 궤짝 안에 넣으려 하자 그들이 못 하게 막았다.

내가 말하였다.

"이것 보시오. 멀고 먼 길을 여행할 궤짝에 이것저것을 아무렇게나 넣어서 궤짝의 반만 채우면 어떻게 되겠소? 도착지에 이르면 전부 깨져 있고, 망가져서 물건들이 못쓰게 될 것이오."

그들은 대답 대신 웃기만 하였다. 이 관원들이 내가 석방되어 떠나는 것이 몹시 화가 나서 저러는구나 하고 말할 수도 있겠지만, 그러나 내 생각은 오히려 반대였다. 그들의 웃음 저 밑에는 무언가 수수께끼가 숨어 있다는 생각이 들었는데, 내가 공식적으로 통보를 받은 적이 없는 이 여행의 목적이 무엇인지 의심이 갔기 때문이었다. 그러나 나는 하느님의 섭리에 나를 맡기고 있었으므로 조금도 불안감을 느끼지는 않았다.

그들은 궤짝을 다시 닫고 다시 봉인하고는 새끼줄로 묶었다. 마당에 불을 지피고는 궤짝에서 추려 낸 책들을 모두 불 속에 던졌다. 그리고 나보고 이 광경을 보러 오라고 하였다. 그것을 거절하고 방 한구석에 앉아 있었더니, 이자들이 방 안에서 고래고래 소리를 지르고 웃고 떠들다가 밤이 깊어서야 물러갔다.

다음 날 아침 일찍 일어나야 할 터인데, 나는 쉽게 잠을 이루지 못하였다. 아까 본 광경들이 눈에 어른거렸고 아까 들은 말소리들이 다시 떠올랐다. 비가 내렸고, 나는 덥기도 하다가 춥기도 한 게, 점점 몸이 쇠약해지는 것이 느껴졌다. 그렇지만 나는 올리브 동산에서 그토록 큰 번민을 겪으셨던 우리 주님의 품속으로 파고들며 신뢰를 가지고 나 자신을 다시 하느님의 두 손에 맡겼다. 성모님께 나를 의탁하면서 나의 동료 신부들과 이제 헤어지게 될 사랑하는 우리의 모든 신자들을 성모님께 맡겼다. 아! 이 아름다운 조선 포교지가 얼마나 오래전부터 카타콤 속에서 살아왔던가! 또 얼마나 많은 박해를 겪었던가! 그런데 지금도 여전히 단말마의 고통에 시달리고 있지 않은가! 고통과 눈물 속에서 신음하고 있다. 얼마나 많은 파괴가 있었던가! 이 얼마나 긴 순교자의 행렬인가! 그런데 이제 나까지 또 어쩔 수 없이 멀리 떠나야만 하는가! 우리 신자들은 앞으로 어떻게 되나? 나의 동료 신부들은 어떻게 될까? 그들은 지금 어디에 있는지? 얼마나 큰 고통, 얼마나 큰 불안감을 그들은 겪었을까! 하느님, 당신의 거룩한 뜻이 모두 이루어지소서! 당신이 원하시는 방법으로 저를 이끄소서. 저는 온전히 당신의 것이며 영원히 당신의 것이고, 저는 저희의 선하신 스승을 따라서 더 큰 고통도 참고 받을 준비가 되어 있습니다. 저는 온전히 순명하여, 저의 모든 생각의 규범과 모든 행동의 규범을 당신의 거룩한 뜻에 맞추고, 당신의 더욱 큰 영광을 위해 당신의 사랑을 위해 고난의 잔을 마지막 한 방울까지 마실 준비가 되어 있습니다.

나는 이러한 생각을 하다가 잠이 들었고 그리고 다음 날인 6월 11일, 아침 일찍 일어났다. 한참을 기다리니 그제야 뒤늦게 교꾼들이 왔고 그리고 또 얼마를 더 기다리니 짐을 싣고 갈 말들이 당도하였다. 그리고 조선에서의 마지막 절차가 질서 있고 신속하게 진행되었다.

9. 만주를 향해 출발

드디어 곧 출발한다는 소식이 왔다. 포도청 마당에는 나를 보기 위해서 벌써 많은 사람들이 모여 있었다. 나를 아는 사람들은 내게 잘 가라는 인사를 하였다. 내가 보교 위에 올라 앉으니, 포졸들이 그 주위로 발을 빙 둘러 주어 길을 가는 내내 거리에서 아무도 나를 알아보지 못하도록 배려해 주었고, 나는 마치 작은 방 안에 갇혀 있는 듯하였다. 그리고 두 교꾼이 보교를 들어 드디어 출발을 하였다. 보교의 문으로 사용되는 발 틈 사이로 우리가 가는 대로大路의 풍경을 내다볼 수 있었는데, 그 길은 그야말로 까마득히 이어지는 장안 대로였다. 길 양쪽에는 초가지붕을 얹은 흙집들이 있었는데, 어찌나 작고 어찌나 낮은지 비버들castors이 사는 굴이 아닐까 하는 생각이 들 정도였다. 서울에서는 사람들이 행차가 지나가는 것을 자주 보아 익숙해져 있는지라 아무도 우리를 주시하지 않았다.

얼마 지나지 않아서 우리는 성문 밖으로 나갔고, 그때까지 동행하였던 포졸 여럿이 우리 일행 곁을 떠나 돌아갔다. 우리는 가던 길을 계속 재촉하여 시골로 들어섰고, 거기서 잠시 걸음을 멈추었다. 나는 잠깐 보교에서 나와 우리 일행을 살펴볼 수 있었다. 말을 타고 있는 소관小官 한 명이 우리와 합류하고 있었는데, 사람들 말로는 그가 나를 국경까지 호송하기로 되어 있다고 한다. 포졸 둘은 첫 번째 역까지만 따라가기로 되어 있고, 포졸들은 역마다 차례차례 교체하기로 되어 있다고 한다. 말과 길 안내자들도 역시 교체한다고 하고, 교꾼 네 명은 국경까지 가기로 고용되었다고 한다. 모두 잠시 쉬고 나서 나는 다시 보교에 올랐고 우리 일행은 갈 길을 계속 갔다. 거의 들것에 가까운 이 작은 보교 안에 계속 있으려니 꽤 불편하였다. 불편하기는 하였지만 어쨌든 편안하게 묵상을 할 수 있었는데 묵상이야말로 나한테 가장 필요한 것이었다. 그리고 건강에 좋은 시골 공기를 마실 수 있어서, 지난 5개월 동안 감옥 안에서 들이마셨을 해롭고 역한 독기를 뿜아내고 폐를 청결하게 할 수 있었다.

서울 근교의 풍광은 매력적이었다. 낮게 물결치듯 누운 작은 산들, 그 뒤로 보이는 높은 산들 그리고 그 높은 산들 중의 하나인 삼각산,

사방이 논밭이고 녹야綠野이며 숲과 사람들이 공들여 보존하고 있는 거목들이 있었다. 우리는 암벽 사이의 좁은 길로 들어섰는데, 양쪽 암벽은 하늘을 찌를 듯 수직으로 자란 나무들로 뒤덮여 있었다. 이 협로는, 이 나라의 거의 모든 길이 그러하듯, 오로지 자연이 저 혼자 관리하는 공도公道였다.

한낮이 되어 우리는 서울에서 40리 또는 4리유 떨어진 작은 마을인 고양에 도착하였다. 관장이 나를 보러 왔고, 얼마 지나지 않아 마을 주민 모두가 관아를 에워쌌다. 오후에 우리는 4리를 더 가서 파주에서 보교를 멈추었고 거기서 유숙하기로 하였다.

나는 이런 식으로 여러분을 역마다 데려갈 생각은 없다. 그것은 너무 지루한 여행이 될 것이다. 나는 여행 중에 있었던 주요한 사건들만 기록하는 것으로 그칠 것이고, 여러분에게 지리학적 지식을 채워 주는 것으로는 우리가 거쳐가기로 되어 있는 마을 명단, 즉 정부에서 파견된 관원들이 여행할 때 그들에게 묵을 장소를 제공하는 마을 명단을 여러분에게 남겨 두는 것으로 만족하겠다.

우리는 파주에 도착해서 활 쏘기 훈련을 하고 있는 아전들을 만났다. 그들이 모두 나를 보러 와서는 어찌나 할 얘기도 많고 묻는 것도 많은지, 우리는 아주 늦게서야 잠자리에 들 수 있었다. 다음 날 나보고 씻으라고 화강석으로 된 대야에 물을 담아 주었는데, 그 돌 그릇은 화병 모양으로 속이 옴폭하였고 아래쪽에는 사용한 물을 흘려 보내도록 구멍 하나가 나 있었다. 한 사람씩 차례로 대야 앞으로 오면 그 옆에 물 한 동이가 있고, 대야 가장자리에는 입안과 치아를 닦아 낼 소금이 작은 접시에 가득 담겨 있었으니, 조선인들은 매일 아침 이것을 빠뜨리지 않고 하였다.

아침 식사는 꽤 푸짐하게 나왔다. 식사에 대해서 다시 언급하지 않기 위해서라도 말해 두는데, 나는 식사만큼은 대접을 잘 받았다. 어디를 가나 먹을 음식이 수북했다. 관청의 식단을 보면, 일반적으로 밥 한 사발과 그 옆에 국 한 그릇이 놓이고 작은 반찬 그릇들이 여러 개 올라와 있는데, 계란, 쇠고기, 돼지고기, 나물들, 배추김치 혹은 무김치, 고추장 그리고 무엇으로 조리를 하였는지 내가 알지 못하는 그 밖의 여러 반찬들로 항상 푸짐하게 잘 짜여 있었다.

이날 나는 두 개의 거대한 석상을 보고 감탄하였다. 그 두 석상은 산허리에 수직으로 솟아나 있는 바위에 몸체를 새겨 조각한 것이었다. [그 석상을 조각한 예술가가 꽤 솜씨가 좋았는지, 어느 정도 거리를 두고 보면 석상들이 꽤 생동감 있고 균형 있게 조화를 이루고 있었다. 굵은 윤곽으로 조각한 하나는 옛 조선인의 얼굴을 하고 있었으며, 다른 석상 역시 거대하기는 마찬가지였으나 좀 더 동그스름한 모양을 하고 있었는데, 사람들의 말로는 그것이 어느 양반의 아내라

고 한다.]

사람들은 이 두 입상을 파주미륵이라고 부르는데, 그것은 곧 파주 지역에 있는 쌍석불상이라는 뜻이다. 이 두 석불 입상의 조성은 고려[89] 시대까지 거슬러 올라간다. 유럽에서는 언제나 이 반도국을 꼬레라고 칭하는데, 꼬레라는 이름이 바로 고려 왕조에서 비롯되었다.

우리는 곧 임진 요새에 도착하였다. 높은 언덕 위에 세워진 이 요새는 요새의 이름을 딴 임진강이 흘러가는 것을 굽어보고 있었다. 높고 견고하게 쌓아 올린 성채가 서울로 통하는 길목을 지키고 있었다. 대형 정크도 지나갈 수 있을 이 강을 우리는 나룻배를 타고 건넜다. 강 건너편에는 작은 마을이 있었고, 그 마을에서 나는 거인 장한壯漢을 보았다. 그는 돗자리 위에 앉아서 미동도 하지 않고, 심지어 고개 하나 까딱하지 않으면서 자신을 무섭게 보이려고 눈알만 이리저리 굴리고 있었다. 그의 옆에는 긴 쇠 촉을 단 철창이, 그것도 마치 배의 돛대만큼이나 큰 철창이 놓여 있었으니 그를 보며 골리앗이 생각났다. 그 장한의 임무는 길목을 감시하고 임진 통로를 방위하는 것이다.

그날 저녁 우리는 옛 고려 왕조의 수도였던 송도 혹은 개성에서 유숙하기로 되어 있었다. 조금 더 가니까 과연 거리의 모든 풍경들이 우리가 유명한 곳에 가까워지고 있음을 알려 주었다. 커다란 능들, 오래된 비석들, 어마어마한 공사였으리라고 짐작되는 다리들. 이러한 유적은 옛 수도의 영화를 증거하고 있었다. 지금도 송도는 조선에서 가장 큰 상업 도시이다. 이곳 주민들은 상업적인 재능이 뛰어난 것으로 평판이 나 있었고, 또한 현재 권력을 쥐고 있는 그들의 정복자, 조선 왕조를 경멸하고 있었다. 반면에 지금 왕조 사람들은 상업이나 거래에 관한 일들을 모두 천시하고 오로지 정부의 명예로운 관리들만 우러르며 또 시대를 막론하고 이 나라에서 항상 존경받아 온 농부들만을 높이 평가하고 있었다. 송도 주민들은 조선 왕조에 경멸을 나타내고 있으니, 옛날의 미움이 아직 가시지 않은 것이다. 그들은 수도가 다시 서울에서 자신들의 도시로 이전할 반가운 날을 참을성 있게 기다리고 있다.

송도로 들어서서 우리는 이 상업 도시의 긴 거리를 따라갔는데, 길 양쪽에는 조선에서 생산되는 각종 물품들과 온갖 유럽산 물건들이 즐비하게 진열되어 있었다. 유럽산 물건들은 중국을 통해 들어온 것인데, 서해안 연안의 섬들로 장사를 하러 온 중국 선박을 통해서 입수된 것이거나, 매년 평양에서 변면까지 조선의 북경 사신 행차를 따라가는 수많은 수레들을 통해서 들어온 것이다.

이 길에 있는 가옥들은, 나는 이 도시에 있는 모든 가옥들이 다 그렇다고 말하고 싶을 정도인데, 전부가 상점이고, 행인들도 모두 자기네 물건을 팔기 위해 각양각색의 음조로 노래를 하며 돌아다니는 상인들이거나 보부상들이었다. 우리는 이 길을 눈에 띄지 않게 잘 지나왔는데 성문에 들어서자마자 주목을 받게 되었다. 그러자 순식간에 소식이 퍼져 사방에서 구경꾼들이 몰려와 우리를 에워싸니, 앞으로 나갈 수가 없게 되었다. 그리하여 포졸들과 지방 군인들이 도착하여 웅성거리는 구경꾼들 사이로 우리가 지나갈 길을 열어 주었다.

이 도시의 사람들은 호기심은 있었지만 적의라고는 전혀 없었고, 주민들은 심지어 온순하고 조용한 사람들처럼 보였다. 모두 차림새가 깨끗하였고 의복은 화려하기까지 하였다. 성벽 위에 앉아서 혹은 집집마다 대문 지붕 밑에 모여서 내가 지나가기를 기다리고 있는 무리들보다 더 신기한 것은 없었다. 알록달록한 가지각색의 옷들은 마치 꽃바구니를 생각나게 하였다. 아마도 이토록 화려한 옷 색깔로 매력을 풍기는 백성은 어느 나라에도 없을 듯한데, 그것도 남자들과 아이들만 봐도 이러할진대 만일 여자들도 섞여 있었다면 어떠하였겠는가?

마침내 우리는 관사에 도착했다. 그래서 이제는 조용히 쉴 수 있을 줄 알았다. 그랬더니 웬걸, 구경꾼들이 쇄도하여 순식간에 관사를 점령하였다. 나는 한 번, 두 번 밖으로 나가 나를 보고 싶어하는 사람들의 바람을 채워 주었다. "저런, 저 사람도 우리와 똑같은 사람이네. 소리 소문 없이 그저 지나가면 누가 저 사람을 알아볼 수 있겠어?" 하며, 그들은 자기네끼리 말을 주고받았다. 내 옆에 제일 가까이에 있던 사람들은 내가 말하는 것을 몹시 들어 보고 싶어서 내게 수많은 질문을 하였다. 그들은 특히 나보고 조선에 어떤 장사를 하려고 왔느냐고 물었다. 하지만 단지 교리를 전파하기 위해서 그 먼 여행을 하였으며 또 수많은 위험에 처하기도 하였다는 나의 대답은 이해하지 못했다. 내가 김 대비Kim-tai-hpii의 부음을 들은 것도 바로 이 도시에서였다. 내가 서울을 떠난 6월 11일, 같은 날에 김 대비가 서울에서 승하하셨다. 김 대비는 현재 국왕의 직계 선대왕인 철종 임금의 왕후(철인왕후)이시다.

다음 날 우리는 이른 아침에 출발하여 경기도 땅을 벗어나 황해도로 들어섰다. 저녁 나절에는 돈여울Tot-nye-oul (돼지 통로) 강을 건너 평산이라는 작은 마을에서 유숙하였는데, 이 마을의 관장은 나를 아주 극진히 대접하여 주었다.

나는 여행 중에 관장 여러 명을 만날 기회가 있었다. 그들은 내게 꽤 친절하게 굴었으나 거의 모두가 가식적으로 위엄을 과시하고 있었다. 그들 중 아직 젊어 보였던 한 관장은 내게 이성적인 질문을 많이 하였고, 나의 대답을 유심히 귀 기울여 들었다. 내게 내준 큰 방이 사람들로 가득 차 있었기 때문에, 우리는 그 많은 청중들이 있는 가운데서 오랫동안 꽤 진지한 대화를 나누었다. 젊은 관장과 그 주변 사람들 모두가, 이전까지 전혀 들어 본 적 없는 수많은 새로운 것들에 대한 이야기들을 들으며 황홀해하는 것 같았다. 밤이 되어 내가 잠자리에 들려 하는데 그가 다시 찾아와 "이야기 듣는 게 어찌나 즐거웠는지 내가 다시 왔소이다. 당신의 이야기를 더 듣고 싶군요." 하였다. 나는 내가 할 수 있는 최고의 예를 갖추어 그를 맞이하였다. 그리고 그 기회를 이용해서 천주교의 주요 교리, 그 증거들, 윤리 등 천주교에 대해 설명하여 주었다. 그들은 놀란 나머지 서로 입을 다물지 못하며 이야기하기를, "세상에! 저 사람들의 종교가 그런 거였구나! 교리가 참으로 훌륭하지 않은가!" 하는가 하면, 또 어떤 이는 "저 사람을 보시오. 의로운 사람이잖소. 그런데 천주교 신자들도 모두 저 양인들과 똑같이 의로운 사람들이라니까요. 그도 그럴 것이 천주교 교리는 신자들에게, 화내지 마라, 싸우지 마라, 남에게 피해를 입히지 마라, 도둑질을 하지 마라, 욕을 하지 마라, 취하지 마라,[90] 다른 사람의 아내를 취하지 마라 하고 가르치니 말이오." 한다. 난 그 기회를 놓치지 않고 신자들이 최근에 붙들려 간 일이 있었는지 물어보았다. 그들이 대답하기를 "아니오. 우리 마을에서는 신자를 체포한 적이 한 번도 없어요. 우리 마을에서는 없었지만 옆 마을에서는 여러 명이 붙들려 갔어요." 한다.

[몰려온 구경꾼들 중에는 관기官妓도 몇 명 있었는데, 방 안의 남자들이 그 여자들을 보고는 비켜 앉으며 길을 터 주는 바람에 그 여자들이 제일 가까운 자리에서 나를 볼 수 있었다. 내가 그 여자들을 쳐다보지도 않자 남자들이 나보고 "저 여자들 좀 봐 주시오. 당신을 보려고

온 사람들이잖소!" 하였다. 나는 "아니요. 쳐다보고 싶지 않아요. 저 여자들은 이곳에 들어와서는 안 됩니다. 지혜가 있고 정숙한 여자들이라면 이 방에 들어오지 않을 것입니다. 당신네들 같으면 당신네 처와 딸들이 남자들 꽁무니를 쫓아다니며 남자들과 외국인만 있는 방 안으로 들어가도록 놔두겠습니까?" 하고 되물었고 그들은 아무 말도 못 하였다. 그리고 제일 분별 있는 남자들이 돌아앉으며 그 여자들에게 "나가시오! 다들 나가시오!" 하자, 그 불쌍한 여자들이 모두 자취를 감추었다. 그러자 그들이 내게 물었다. "서양 여자들도 조선 여자들만큼이나 예쁩니까?" 나는 다음과 같이 답변하는 것으로 그쳤다. "모든 덕을 갖춘 여자는 항상 아름답지요. 반면에 세상에서 최고로 아름다운 여자라 해도 덕을 갖추지 못하였으면 추한 법입니다." 관장은 대단히 진지한 표정을 지으며 "참으로 훌륭하고 심오한 말씀이오!" 하면서 나의 답변에 전적으로 동의하였다.

나는 그날 이후 비신자들이 이 주제에 대해서 얼마나 깊이 숙지하였는지 여러분에게 말하여 주고 싶은데, 왜냐하면 그 다음 날 내가 다른 지역에 갔을 때 그 지역의 한 아전이 이렇게 말하는 것을 들었기 때문이다. "이 사람은 참으로 훌륭한 사람이오. 누구도 그것을 부인할 수 없소! 어제 이 사람이 어떤 지역에서 유숙하였는데, 그때 더할 나위 없이 화려한 옷차림에 온갖 치장을 한 기생들을 앞에 데려다 놓았더니, 글쎄 믿겠소? 이 사람이 기생들을 거들떠보지도 않고 단 한 번도 눈길을 주지 않았답니다. 일말의 의심의 여지도 없고, 누구도 부인할 수 없어요. 이 사람은 군자요. 참으로 훌륭한 위인이오!" 사실 모든 관청에서 이 가련한 여자들을 거느리고 있었는데, 이들은 예능을 골고루 익히고 사교계에 맞추어 양성된 여자들이었다. 이들은 예의가 바르고 어떤 여자들은 겉보기에 지극히 겸손해 보였으며 의복도 단정하였다. 그중 하나는 12~14세 정도 되어 보였는데, 흰 모슬린 천으로 만든 질질 끌리는 치마를 입고 머리에는 같은 천으로 된 긴 베일을 쓰고 있었다. 첫 영성체를 준비하는 어린 여자아이라고 말하고 싶을 정도였다! 순교자들에 대한 조사 중에서 이 아이와 같은 증거자에 대한 이야기를 들었던 것이 떠올랐다. 1868년, 서울에서 신자들을 대거 처형할 무렵에 한 기생이 박해 소식을 듣고는 천주교가 무엇인가를 물었다. 그리고 교리를 배우고 나서 "나도 천주교를 따르겠어요. 나도 신자가 되고 싶어요. 이 교리는 참으로 훌륭합니다."라고 외쳤다. 그녀는 결국 체포되었고, 며칠 뒤에 처형되었다.]

우리는 갈 길을 계속 갔다. 어디를 가든지 산이 있고, 그중 몇몇 산은 숲이 몹시 우거졌다. 골짜기에는 비옥한 전답이 많고, 여기저기에 마을이 있으며 작은 촌락의 집들은 모두 닮아 있었다. 우리가 따라가는 큰 도로에는 중계 역도 촘촘히 있었고, 여행객을 위한 주막들도 꽤 가까운 간격으로 나타났다. 우리가 한 지역에서 다른 지역으로 이동하는 거리가 너무 멀 때는 교꾼들에게 잠시 쉬거나 식사를 할 정도 시간을 잠깐씩 주었을 뿐 주막에서 멈춘 적은 전혀 없었다. 봉산을 지나고 나서 우리는 산 하나를 만났는데, 산길을 따라 빙빙 돌아서 산 정상에 닿았다. 그곳은 너무 위험해서 여행객 두세 명 정도로는 감히 들어설 만한 곳이 못 되었다. 그래서 여행객들은 그 산의 주인이며 그 산의 왕인 호랑이로부터 안전하기 위해 무리를 지었다. 그 동네 어느 집을 가도 집집마다 호랑이 때문에 빚어진 불행한 이야기가 그치지 않고 들렸는데, 그곳에 횡행하는 호랑이들 때문에 많은 주민과 여행자들이 사라졌다는 것이다.

산 밑에서 여러 명의 여행객이 우리와 합류하니 산을 넘기에 충분한 인원이 되었다. 산 정상에는 주막으로 사용되는 작은 집 한 채와 호랑이 신령에게 바치는 작은 탑이 하나 있었다. 나는 한 남자가 탑으로 다가가 연신 머리를 조아리면서 두 손을 비벼 가며 기도하는 것을 보았다. 그는 여행객 모두를 위해 한 사람 한 사람씩 빌어 주었고 나를 위해서도 빌었는데, "복명이가 이 산을 무사히 넘도록 해 주시고, 그를 호랑이에게서 보호해 주시어 아무런 사고 없이 무사히 여행하게 해 주시옵소서. 오! 여행자들의 보호자이시여. 그렇게 해 주시옵소서." 하며 비는 소리를 듣고는 놀라지 않을 수 없었다.

우리는 온갖 종류의 나무들이 드리우는 그늘 속에서 산을 내려가기 시작하였다. 그중 소나무와 전나무는 상당히 높이 솟아 있었다. 숲은 점점 더 울창해지고 잡목림은 더욱 무성해졌는데, 온갖 종류의 나무들과 소관목과 풀들이 얼마나 다양하게 자라고 있는지! 그런데 바로 이러한 곳이야말로 호랑이가 숨어 있는 장소일 것이니, 호랑이가 바로 곁에 숨어 있다 해도 사람들 눈에 띄지 않을 것이다. 우리는 이 마법의 나라 속을 한참이나 여행하고서 아무런 사고 없이 숲을 벗어났다.

　나는 내리막길 내내 걸어서 내려왔는데, 약간의 운동으로 몸을 회복시킬 겸, 안쓰러운 교꾼들을 좀 쉬게 할 겸 해서 여행 중에 되도록이면 자주 걷곤 하였다. 그런데 안타깝게도 서울을 떠나올 때 포도청에서 갓 하나를 주려고 하지 않아 나는 갓을 쓰고 있지 않았다. 그 때문에 나는 여행 내내 사람들로부터 수없이 질문을 받았다. 왜냐하면 평소에 사람들은 갓을 쓰지 않고 외출하는 법이 없기 때문이다. 나는 심지어 일종의 일사병 같은 것에 걸려 나중에 후유증으로 두통을 심하게 겪었고, 이질을 앓기도 하였다. 가장 피곤한 일은, 저녁에 내가 유숙하는 방에 사람들이 가득 몰려와 있는 것이었다. 하루 종일 여행한 끝에 유숙지에 도착하면 쉬기는커녕 사람들 무리에 시달렸는데, 그들이 밤 늦게까지 방에서 나가지를 않으니 충분히 쉴 시간이 없었다. 내가 아무리 불만을 토로해도 소용이 없었고, 나를 호송하는 관리가 아무리 애를 쓰며 방문객들을 제지해도 그들을 막아 낼 수는 없었다. 내가 앓고 있는 것을 보고 관리는 겁을 먹었다. 그리고 나에게 "나도 의술은 좀 알아요. 내가 약을 주리다." 하였다. 나는 실제로 탕약 두 그릇을 마셨지만 아무런 효험이 없어서 중국에 도착할 때까지 여러 날을 앓아야 했다.

6월 16일 일요일, 평안도로 들어가 첫 번째 마을인 중화에 도착하였으니, 서울을 떠나 500리 길을 온 것이다. 이 지방의 말은 서울말이나 조선의 북쪽 지역의 말과는 조금 다르다. 다음 날 우리는 평안도의 수부인 평양에 도착하기로 되어 있었다. 평양은 성벽으로 둘러싸인 대도시로서, 대동*강 기슭에 명예롭게 자리 잡고 있다. 이 강은 항해가 가능한 강이라 서울의 대형 선박들이 와서 이 도시의 성벽 밑에다 화물을 부린다.

평양 시민들은 다혈질이고 시끄러우며 대담하다. 강여울에 걸려 꼼짝 못 하고 있는 미국의 소형 스쿠너 선박 제너럴 셔먼 호를 불태우고 그 배의 승무원들을 모두 학살한 것이 바로 그들이며, 강화도의 프랑스인들을 내쫓겠다고 나선 것도 그들이다. 평양에서의 상업 활동은

---

* 물이 크게 모인다는 뜻이다.

규모가 크고 활발하며 도시는 항상 역동적이다.

산으로 이리저리 꺾여 있는 긴 평야를 쉬지 않고 달린 끝에 우리는 대동강 강변에 도착하였고, 길고 납작한 작은 배를 타고 강을 건넜다. 얼마 지나지 않아 우리는 강 반대편에 닿았고, 두껍고 어두운 문을 가로질러 성내로 들어갔다.

내 모습이 사람들 눈에 띄었을 때는 사방에서 달려오는 사람들 소리가 마치 바다에서 파도가 몰려오는 소리 같더니, 금세 어찌나 빽빽이 사람들이 몰려들었는지 교꾼들이 앞으로 더 나갈 수가 없을 지경이 되었다. 나는 여전히 사람들의 시선을 피해 몸을 숨기고 있었다. 사방에서 "그 사람을 봐야만 하오. 좀 봅시다.", "가마에 둘러친 발을 올리시오!" 하는 외침이 들리더니 어느새 가마의 발이 들어 올려졌고, 군중들은 나를 보려고 점점 더 바싹바싹 다가왔다. 나를 호송하는 관리가 고함을 쳤으나, 그의 고함이 소란을 잠재우지는 못하였다. 교꾼들은 온 힘을 다해서 앞으로 나가려고 애를 썼고, 포졸들은 우리에게 길을 터 주려고 사방에 대고 몽둥이를 휘둘렀다. 급기야 나를 감영으로 데려갔으나 군중들은 거기까지 몰려들었고, 다른 장소로 옮겨 가도 모두들 나를 보기를 원하니 역시 똑같은 광경이 벌어졌다. 이 전쟁이 족히 3시간 동안이나 계속되니, 하는 수 없이 나는 컴컴한 외딴 방에 갇혀 있어야 하였는데, 얼마 지나지 않아 그곳도 사람들에게 포위를 당하였다.

"어째서 그자를 돌려보내는 거냐? 그자를 처형시켰어야 마땅하다! 도대체 조정에서는 무슨 생각을 하는 거냐? 이제 서울에는 용기 있는 자들이 없는 게로군! 그자를 여기서라도 죽여야 해."

"무슨 소린가. 그자를 돌려보내라는 건 천자의 명이라네. 심지어 천자께서 그자를 잘 모시라는 명령도 내렸다네. 그자는 자기네 나라나 중국에서 명성이 높은 인물인 모양이야. 대인인 모양일세."

"그래? 중국 황제의 명령이라구?"

"글쎄 그렇다니까. 황제가 그자를 돌려보내라고 특사를 보냈다니까."

이 말에 소란스러움이 다소 누그러지니, 조선에서 중국 황제의 위력이 이 정도였다. 중국 황제라는 한마디가 모든 걸 잠재우기에 충분하였던 것이다.

포졸들 역시 정부로부터 나를 보호하라는 분명한 명을 받았기에, 군중들의 소란을 잠재우는 데 적극적으로 나선 것이다. 이 도시에서는 포졸들과 정부 관리들이 제일 드셌기 때문이다. 내가 보기에 주민들은 유순하고 조용한 편이었다.

우리는 이곳에서 반나절을 보냈는데, 나를 호송하는 관리가 앞서 언급하였던 김 대비 국상國喪에 맞춰 이곳에서 상복으로 갖춰 입어야 하였기 때문이다. 저녁 나절은 훨씬 조용하게 지나갔다. 여러 사람이 나를 보러 왔지만 모두들 질서를 지켰다. 다음 날 거리에 나서니 또 인파가 몰려들었다. 우리 관리가 어느 관청엔가 가서 상례를 마치고 나서 드디어 11시쯤에야 우리는 도시를 벗어났다. 잠시 후에 우리는 대로로 들어섰다. 평양에서 중국 국경까지 이어지는 이 대로에는 우차牛車들의 통행이 빈번했는데, 조선에서 보기 드문 일이었다. 이 우차들은 덩치가 아주 크고 조잡하게 만들어졌는데, 수레를 아예 멍에에 고정시켜 놓았기 때문에 소를 눕혀 그것을 소의 목에 걸기만 하면 되므로 다른 마구가 필요 없었다.

우리는 정부에 속해 있는 역졸들과 종종 마주쳤는데, 그들은 서울과 국경 사이를 왕래하며 통신 업무를 수행하는 사람들이었다. 역졸들은 작은 말을 타고 다녔다. 말에는 안장도 없이 작은 방석이 하나 얹혀 있고 그 양쪽으로 볏짚을 꼬아 엮은 띠에 역시 짚으로 된 등자를 달아 늘어뜨린 게 고작이었으나, 언제나 쉬지 않고 달려 족히 1,096리 되는 길을 사흘 만에 질주한다.

조선의 소들은 품종이 우수하여 덩치가 크고 힘이 세며, 대체적으로 잘 먹여 키운다. 반면에 말들은 키가 작지만 끈기가 있어 쉽게 지치지 않는다. 심지어는 어린아이 장난감 같은 아주 작은 말들도 있는데, 그런 말들은 당나귀 새끼보다도 크지 않다.

우리는 적어도 하루에 80리 정도를 갔으나 때로는 100리, 한 번은 120리까지 간 적도 있다. 짐을 실은 말들을 행렬 맨 앞에 세웠는데, 말 위에 실은 궤짝들이 오른쪽 왼쪽으로 기울어지며 떨어질 듯하여 그것을 바로잡아 놓느라 종종 가던 길을 멈춰야 했다.

하루는 하천을 만나 건너야 하는 상황이 되었다. 다리라고는 하천 바닥뿐이고 다른 다리가 없어 물속을 걸어서 건너게 되었는데, 그때 말 한 필이 넘어졌다. 그 말을 끌고 가던 아이는 너무 약해서 궤짝을 붙들 수도 말을 일으켜 세울 수도 없었다. 아이는 겁을 먹고 엉엉 울면서 떨고만 있었다. 그도 그럴 것이, 말과 짐짝들이 떠내려간 다음에 받을 매질이 눈앞에 선하게 떠올랐을 터이고, 당장 자기도 하천의 급물살에 떠내려갈 것 같았을 것이다. 그런데 그 아이의 짝은 강 저쪽으로 혼자 건너가서 도와줄 생각은 하지도 않고 제 친구가 곤경에 빠져 있는 것을 바라만 보며 미련하게 웃고 있었다. 그래서 하는 수 없이 교꾼 한 명이 가마 끈을 풀고 달려가서 말을 일으켜 세워 강가로 끌고 나왔다. 그러고는 궤짝을 열었다. 오래전부터 모두들 이 안에 무엇이 들어 있을까 궁금해하던 차에 궤짝을 여니, 그 진귀한 물건들 구경 좀 하자 싶은 반가운 마음에 궤짝 앞으로 바싹 다가온다. 잠시 후 모두들 놀라는 기색이란! 궤짝 안에는 서양 책 몇 권, 제의祭衣를 비롯해 조선 사람에게는 값어치도 없고 필요도 없는 물건들뿐이었으니까. 그들은 "저 사람은 정말이지 우리나라에서 돈도 못 벌었구나." 하고 말하였다. 결국 나로서는 그날의 사고가 오해를 풀어 준 셈이 되었다. 왜냐하면 오래전부터 내 궤짝에 들어 있는 내용물을 두고 터무니없는 소문들이 있었기 때문이었다. 다행히 물건들 중 어느 것 하나도 손상되지 않은 채, 궤짝 안에 스며들었던 물이 쉽사리 빠져나갔다.

짐을 다시 정리한 후 교꾼 두 명이 보교를 들고 왔는데, 교꾼 네 명 중 다른 두 명은 힘들어하는 다른 일행에게 힘 좋은 자기네 일손을 보태 주러 갔기 때문이다. 보교 위에 앉으면 교꾼들과 이야기를 나누기가 아주 수월하였는데, 항상 명랑한 그들은 내게 이런저런 것을 물어 오기도 하였고 또 갖가지 이야기를 해 주기도 하였다. 그러면 보통 포졸들도 대화에 끼어들었는데, 그렇게 해서 여행의 지루함을 덜기도 하였다.

호송 관리는 맨 뒤에서 작은 말을 타고 오면서 행렬을 감독하였다. 처음에는 차갑고 과묵하였으나 시간이 갈수록 얼굴 표정이 밝아졌고 얼마 지나지 않아 우리는 친구가 되었다. 너무 멀리 떨어져 있어서 대화의 내용을 들을 수 없었던 그는 간혹 교꾼들이 크게 웃는 소리를 들으면 "주교가 뭐라고 하였기에 웃나?" 하고 꼬박꼬박 물었다. 그러면 교꾼 한 명이 보교에서 손을 놓고 관리에게 가서 방금 나누었던 이야기를 한 마디도 빠뜨리지 않고 그대로 전하였고, 그러면 다시 다 함께 큰 웃음을 터뜨렸다.

나는 관리의 말 타는 실력이 그리 뛰어나지 못하다는 것을 눈치채고 자리를 바꾸자고 제안하였다. 그는 처음에는 사양하다가 조금 지나서 다시 묻기를, 내가 말을 타고 자기가 보교를 타고 가도 정말로 괜찮겠느냐는 것이었다. 그렇게 해서 조선의 작은 말 위에 오르니, 나는 마치 정부의 명을 받아 임무를 수행하러 가는 이 나라의 관장이 된 듯한 기분이었다. 이것을 보고 모두들 깜짝 놀랐고, 교꾼들은 "양인이 말을 타니, 아무도 눈치를 채지 못해서 구경꾼들도 훨씬 적다."라고 말하였다. 생각 같아서는 피곤해 보이는 관리에게 오랫동안 보교를 양보하고 싶었지만, 어느 정도 가다 보니 나도 아파서 보교를 더 양보할 수 없게 되었다.

"말을 타고 가는 게 피곤하지요?"

"아니오. 그렇지는 않습니다만, 겁납니다."

그의 대답은 내가 들었던 조선의 속담과는 잘 맞지 않았다. 나는 조선인과 일본인의 특성을 말하는 것으로 "조선은 남자들의 용맹으로 유명하고, 일본은 일꾼들의 솜씨로 유명하다."라는 속담을 길을 가는 내내 여러 차례 들었던 것이다.[91] 그런데 무관인 우리의 호송 관리가 작은 말을 타는 게 겁이 나다니!

교꾼들은 북경에도 다녀온 적이 있고 여러 차례 여행을 하였던지라 이 길을 아주 잘 알고 있었는데 그들이 내게 귀띔해 주기를, 우리가 안

주와 의주에 들어서면 평양에서와 마찬가지로 군중들 때문에 똑같은 곤란을 겪을 것이라고 하였다. 과연 예상하였던 일은 어김없이 벌어졌으나, 그런 일에 대해서는 한 번 이야기한 것으로 충분하므로 똑같은 이야기를 반복하는 것은 사양하겠다.

[안주는 청천*강 가까이에 있는 대도시이다. 안주는 40리 떨어진 곳에 있는 박천이라는 도시와 마찬가지로 남쪽 지방에서 오는 대형 선박들이 화물을 내려놓는 곳이다. 박천은 하천 바닥이 진흙이라 우리가 건너는 데 꽤나 고생을 하였던 진두**천에서 그리 멀지 않은 곳에 있다. 가산에서는 높은 산이 시작된다. 한쪽이 직각으로 깎여 있는 이 산은 30리 떨어진 의주까지 이어져 있는데, 사람들이 샛별령(아침별의 산이라는 뜻이다)이라고 부른다. 우리는 요새화된 도시인 정주를 지나 곽산으로 가서 거기서 하룻밤을 유숙하였다. 국경에 가까워지면서 요새의 수는 훨씬 많아졌고 도시마다 온통 성벽들이 쌓여 있었다. 동쪽과 서쪽에 있는 동림과 서림, 이 두 요새만 소개한다면, 둘 다 통행이 어려운 산 위에 위치하고 있으며 요새에 접근하는 것은 금지되어 있다. 두 요새는 높고 견고하게 벽을 쌓아 축조하였는데, 반원형의 요새 문들은 아주 큰 돌들을 쌓아 만들었고 거목들이 들어차 있는 거

---

* 맑은 물이라는 뜻.
** 통행로 머리라는 뜻.

대한 삼림이 사방으로 그것들을 에워싸고 있다. 우리가 이 지역을 통과할 때 소문이 하나 돌고 있었다. 관리들은 마치 그것이 확실한 소식인 듯이 우리에게 전해 주었는데, 동해안 연안의 원산항에 전함들이 출몰하고 있으며 조선이 전쟁의 위협을 받고 있다는 것이었다. 사람들은 그 전함이 일본 전함이라고 말하였다. 주민들 모두가 혹시 전쟁 소식이 들려오지나 않을까 하며 매 순간 불안에 떨고 있다고 하였다.]

여기서 내가 겪은 아주 기이한 어떤 만남에 대해서 이야기를 해야겠다. 어느 날 나는 걸어서 산을 올라가고 교꾼들이 보교를 들고 뒤따르고 있었다. 그리고 관리는 조금 떨어져서 뒤에 천천히 올라오고 있었다. 산 정상에 이르러서 잠시 쉬기로 하고는, 나는 대로변에서 흔하게 볼 수 있는 작은 절간의 조각상을 살펴보러 갔고 교꾼들은 땀을 식히러 어느 집으로 들어갔다. 그런데 갑자기 그 작은 집에서 백발의 노인이 나오며 이렇게 외치는 것이었다.

"아니, 그분이 여기에 계시다니. 내가 그토록 오래전부터 뵙기를 원하였던 성인이 아니신가!"

그러고는 노인의 다리로 달릴 수 있는 최고의 빠르기로 나를 향해 달려와 나를 부둥켜안고는 내 손을 꽉 잡고 다시 외쳤다.

"오! 당신에 대해 이야기 많이 들었습니다. 얼마나 오래전부터 당신의 얼굴을 보고 싶었는지요! 이토록 크나큰 복이 내 생의 말년에 찾아올 줄이야. 나는 이제 죽어도 여한이 없습니다. 우리에게 훌륭한 교리를 가르치러 오기 위해 가족 친지 모두의 곁을 떠나, 수많은 고생과 수많은 노고를 마다하지 않은 저 거룩하신 분들 중의 한 분의 얼굴을 일찍이 뵌 적이 있습니다. 그분들은 성인들이시며, 나는 성인 한 분을 뵈었습니다!"

나는 이러한 서두에 깜짝 놀랐고, 그칠 줄 모르고 이야기를 하는 노인의 손을 정답게 꽉 쥐었다. 노인은 이 장면을 바라보고 있는 교꾼들을 향해 몸을 돌려 이렇게 말하였다.

"우리나라에는 이런 분이 안 계신 고로, 이분이 우리에게 교리를 가르치러 우리나라에 오신 것이오. 어떤 사람들이 주장하듯이 우리나라를 침략하러 왔다는 것은 전혀 사실이 아니오. 이분들의 목적은 오로지 우리에게 훌륭한 교리를 가르치는 것이오. 그런데 우리 조선인들은 이분들을 학대하고, 서울에서는 이분들을 붙잡아다 죽이고 하였으니, 오직 우리의 선익만을 원하는 사람들을 그렇게 죽였으니, 우리나라는 얼마나 딱한 나라입니까! 이렇게 분한 일이 어디 있으며, 이렇게 부당한 일이 어디 있습니까! 이분들은 그 누구에게도 악한 일을 한 적이 결코 없고, 모든 덕목을 갖춘 분들인데. 아! 우리의 조정은 얼마나 잔혹하고 얼마나 눈이 멀었습니까!"

교꾼들은 입을 떡 벌리고 노인을 바라보았고, 그러고는 "맞소이다."라고 하는 듯이 미소를 지었다.

노인은 진도*에서 태어났고, 거기서 살면서 예전에 유럽인 수도승들을 본 적이 있으며, 몇 해 전에 이 지방으로 이주해 와서 살고 있다고 하였다. 그리고 나이는 72세이고 천주교를 알고 싶다고 하였다. 나는 그를 독려하며 이렇게 말하였다.

"우리가 전하는 교리는 진실을 말하는 유일한 교리요. 이 교리는 우리로 하여금 우리의 아버지이신 하느님을 알도록 가르쳐 주고, 그분을 공경하도록 가르쳐 주며, 선을 행하고 악을 피하도록 가르쳐 주고, 우리에게 영원한 생명을 마련해 줍니다. 내가 당신에게 교리를 가르칠 수는 없으나 찾아보시면 교리를 아는 사람들을 만날 수 있을 터이니 그 사람들이 가르쳐 줄 것입니다. 이는 하느님께서 당신을 구원하시고 싶다는 것입니다. 나는 자유인이 아니오. 정부에서 나의 전교 활동을 금하고 나를 이 나라에서 추방하였으니, 내가 하고 싶어하였던 선한 일을 하지도 못한 채 떠날 수밖에 없는 처지입니다."

노인은 눈물을 글썽이며 말하였다.

"저런! 우리나라로서는 얼마나 불행한 일입니까! 우리를 행복하게 해 줄 수 있는 사람을 조정에서 이렇게 몰아내다니, 그러니 이 무슨 광

---

* 조선의 남서쪽에 위치한 섬.

기랍니까!"

그러고는 다시 내 손을 잡으며 말하였다.

"저의 집으로 잠시 들어오십시오. 들어오시는 것만 해도 저나 제 가족에게는 축복일 것입니다. 제게 술이 조금 있으니 목이라도 축이십시오."

"나는 그럴 수 없습니다. 무엇보다 나는 술을 마시지 않으며 또 관리가 저기 오고 있으니, 혹시라도 나로 인해 당신에게 해가 돌아갈까 염려스럽습니다. 마음을 편하게 가지십시오. 내가 이렇게 당신을 만났고, 수많은 마음 아픈 일들이 내 마음을 짓누르고 있던 중에 당신의 이야기를 듣고 나도 위로를 받았으니, 나는 당신을 잊지 않을 것이며 당신을 위해 하느님께 기도하겠습니다. 당신에게 교리를 가르쳐 줄 신자들을 찾도록 노력하십시오."

관리가 왔고, 나는 노인에게 피해가 가지 않도록 뒤돌아섰다. 노인은 멀어지는 나를 보면서도 나에 대한 칭송을 그칠 줄 몰랐으니, 비록 그가 나를 알아서 그런 것은 아닐지라도, 오래전부터 천주교와 우리의 동료 선교사들과 우리의 순교자들에 대해 이야기를 들은 게 있었기 때문이었다.

[이 만남은 내가 받은 고통에 많은 위로가 되었으면서 또한 슬픔을 증폭시켰으니, 왜냐하면 마음의 준비가 저토록 잘된 영혼들이 많은

이 나라를 떠나야만 하였기 때문이다. 나는 얼마나 많은 생각을 하였던가! 위험을 무릅쓰고, 체면도 벗어던지고, 이렇게 그리스도교를 고백하던 저 가련한 사람을 나는 얼마나 입교시키고 싶었던가! 나는 이 마을 저 마을에서 얼마나 많은 선량한 사람들을 만났던가! 모두들 나의 모습을 보고 싶어하였고 나에게 아무런 적의도 보이지 않았다. 그들은 한 번도 유럽인을 본 적이 없었던 것이다. 하지만 내가 듣기로는, 이미 오래전에 조선의 연안에서 해안 사고를 당하였다가 중국으로 송환된 한 유럽인이 나와 똑같은 길을 통해 갔다고 하는데, 그를 직접 본 사람들도 별로 없었을 뿐만 아니라 그 유럽인이 조선어를 알아듣지 못하여 이런저런 이야기를 하는 것도 들어볼 수가 없었던 모양이었다.

나는 이동 경로 중에 신자들을 만난 적이 없었다. 혹시 내가 신자들을 만났는데, 군중 속에 파묻혀 있는 그들을 분간하지 못하였을지도 모르며 또 신자들도 조심하느라 신자라는 표시를 하지 않았을지도 모를 일이다. 인근 지역에 신자 마을이 여럿 있었으므로 나는 높은 산들을 주시하였다. 그곳에 우리의 신학생 양성소가 있었고 또 로베르 신부가 그곳에 있을 수도 있었기 때문이었다. 다른 방향으로 구월산 높은 봉우리를 보면서는 두세 신부가 그곳에 숨어 있을 것이라는 짐작을 해 보았다. 나는 그곳을 지나가면서, 아직은 아주 젊은 나이에 수많은 고초와 궁핍과 위험과 노고에 처해 있는 이 사랑스럽고 훌륭한 선교사들에게 강복을 보냈다.

선천과 철산을 지나 용천에 도착해서 중국어 통역사 두 명을 만났다. 그들은 우리와 합류하기 위해 이곳에 사흘 먼저 도착하여 우리를 기다리고 있었다. 내가 도착하자마자 나를 만나러 온 그들은, 중국까지 나와 동행하여 중국 관헌들에게 나를 넘겨주기 위해서 조선 정부가 파견한 자들이라고 자신을 소개하였다. 그리고 해마다 동지사冬至使들을 따라 중국을 내왕하므로 북경에 대해서는 완벽하게 안다고 말하였다. 그들은 내가 피로에 지쳐 있는 모습이 딱해 보였는지, 모든 사람들을 물러가게 해 주었다. 덕분에 나는 조금 쉴 수가 있었다. 조선 영토에서 마지막으로 지나게 될 도시인 의주까지는 90리가 남아 있었다. 우리는 다시 길을 출발하였고 우리의 행렬 식구는 더 늘어나 있었다. 저녁 나절, 산꼭대기에 이르니 조선과 중국의 국경으로 흐르는 강이 보였고, 중국 땅과 중국의 산들이 뚜렷하게 보였다. 얼마 지나지 않아 우리는 의주 가까이에 도착하였다. 여전히 나를 둘러싸고 작은 소동이 있으리라 예상하고, 우리는 가능한 한 쉽고 좀 더 민첩하게 이 큰 도시를 통과하여 반대쪽 끝에 위치한 관청으로 들어갈 만반의 조치를 취하였다. 우리는 아주 조용하게 성문 안으로 들어섰지만 곧 내 모습이 노출되었고, 사람들이 몰려들며 고함을 질러 댔다. 30명이 넘는 포교들이 인파를 진압하느라 온 힘을 쏟았다. 급기야는 우리가 들어간 관사 또한 인파에 포위를 당하고 말았으니, 이렇게 소란스러운 광경을 보면서 거의 1시간이나 지속되는 요란한 소리를 듣는 것은 힘겨운 일이었다. 굵직한 직함의 관리들이 모두 나를 방문하였다. 현지의 관장이 친히 와서 나의 안부를 물었다. 그러고는 조선인들은 재미있는 백성인데, 아무것도 본 것이 없는지라 별것도 아닌 일에 대단한 호기심을 보이며 단순한 행차 하나에 온 주민이 동요한다고 하면서, 내게 길에서 많이 고생하였느냐고 물었다. 그리고 "우리들도 여행하면서 사람들에게 많이 시달립니다."라고 덧붙였다. 이에 나는 "모든 나라 백성들이 거의 다 그렇지요. 특히 조선에서는 유럽인을 볼 기회가 자주 있는 게 아니니까요."라고 말하였다. 그랬더니 그가 다시 말을 받아서 이렇게 말하였다. "아니지요. 모든 나라 백성들이 다 이렇지는 않습니다. 유독 우리 조선인들만 이렇게 나쁜 습관을 가지고 있어요. 우리도 북경에 가면 행렬이 이 마을 저 마을을 지나가게 되는데 그곳 주민들은 조용합니다. 우리의 행렬을 쳐다는 보지만 훨씬 조용하게 쳐다보고, 달려들거나 우리를 귀찮게 하지는 않지요! 아! 우리 백성들은 참으로 예의범절이 없어요! 그 나쁜 습성이 이 나라 백성의 몸에 배어 있고, 그게 그 사람들의 기질입니다!"]

이윽고 우리는 산등성이 한쪽 측면에 자리 잡고 있는 큰 읍내인 의

주에 도착하였다. 의주는 한쪽으로는 키 큰 소나무가 울창한 산들이 읍을 지켜 주고 있고, 다른 한쪽으로는 중국말로 얄루강Ya-lou kiang 혹은 '청록오리강Canard vert'이라 불리는 압록강이 유유히 흐르고 있다. 바로 이 도시에서 우리 통신원들이 체포되었는데, 이 세 명의 신자가 아직 이곳의 감옥에 있을 것이다. 나를 어느 정도 신뢰하는 한 통역관을 통해서 알아보니 그들이 여전히 감옥에 갇혀 있다고 한다. 나보고 여기서 며칠 쉬었다 가지 않겠느냐고 묻기에, 나는 기왕 길을 나섰으니 중단하지 말고 계속 가는 것이 더 좋다고 대답하였다. 그러면서 "혹시라도 나를 조선에 남게 해 주고, 내가 이곳에 정착하여 교리를 전파할 수 있게 해 준다면 모를까요." 하고 덧붙였더니, 그는 "그렇다면 내일 당장 떠날 준비를 하지요." 하고 말하였다.

다음 날, 서울부터 나를 호송한 관리는 자신의 임무가 끝나 나와 작별하였다. 나는 그에게 여기까지 오는 여정 내내 내게 베풀어 주었던 모든 배려에 감사를 전하였고, 우리는 서로 축복을 빌어 주며 좋은 벗으로 작별하였다. 다음 날 의주 부윤이 내게 와서 간밤에 잘 잤느냐는 문안 인사와 잘 가라는 작별 인사를 하였는데, 그의 인사는 어느 정도 과장된 데가 있기는 하였으나 또한 순박함이 느껴졌다. 나는 그에게 화평과 번창을 기원해 주면서, 이 도시를 거쳐 간 것을 좋은 추억으로 간직할 것이며 또 조선을 결코 잊지 않을 것이라고 약속하였다. 부윤은 "좋소, 좋소." 하더니, 나를 호송하기로 되어 있는 사람들에게 "노중에 이분을 잘 모시고 가라. 강을 건널 때 각별히 주의를 하고, 이분께 무엇 하나 부족함이 없도록 해 드려라." 하고 당부하였다. 나는 그에게 이렇게 말하였다.

"내게는 과분한 친절입니다. 지금까지 나는 극진한 대우를 받아서 나를 호송해 준 이들에 대해 불평할 것이 조금도 없습니다. 나는 그분들에게 감사할 뿐이고 또 조선 정부에도 감사를 드립니다. 내게 베풀어 주신 이 호의로 나는 천만 번 더 조선을 사랑하는 마음이 드니, 이토록 아름다운 나라와 나를 위해 세심한 배려를 아끼지 않았던 이 나라 백성 곁을 떠날 수밖에 없는 회한이 더욱 커질 뿐입니다. 부디 언젠가 조선 정부가 우리에게 조선 입국을 허락하는 날이 오기를 희망하며, 그런 날이 오면 나는 반갑게 다시 달려오겠습니다."

부윤은 웃기 시작하였고, 그 자리에 있던 사람들은 나를 뚫어져라 쳐다보면서 "참으로 선량한 사람이다."라고 말하였다.

길을 나서자, 우리가 나오기를 기다렸는지 전날처럼 군중들이 밀집하여 있었다. 내가 보니, 무장한 포졸들이 군중을 해산시키려는 사명감에 불타 몽둥이를 마구 휘두르고 있었다. 나는 나를 호송하는 관리에게 다급하게 말하였다.

"이 사람들이 모두 나를 보러 온 것이니 그냥 놔두시오. 제발 포졸들이 사람들을 때리지 못하게 해 주시오. 우리야 어떻게든 천천히 갈 수 있는데, 그렇게 해 봐야 무슨 소용이 있습니까?"

그러자 관리가 외쳤다.

"때리지 마라. 양인이 사람을 때리는 것을 원하지 않는다."

우리를 에워싼 군중들 사이를 그렇게 무사히 지나서 강변을 통과하여 우리를 기다리고 있던 납작한 큰 배에 올랐다. 모래사장에 늘어서 있는 저 모든 군중들과, 나를 좀 더 가까이에서 보려고 물속으로 뛰어들어 우리 배를 에워싸고는 흰 이를 드러내며 다정한 미소를 짓고 있는 저 아이들. 그것은 신기한 광경이었다. 또 다른 이들은 숲의 거목을 잘라서 통나무 속을 파 내어 만든 카누 속으로 뛰어들어, 고요하고 평화롭게 흐르는 이 아름다운 강 위를 우아하고 유연하게 노를 저어 갔다. 저 사람들이 모두 내 백성이고 내 자녀들인데, 우리 주님께서 교황 비오 9세를 통해서 내게 맡기신 백성인데, 나는 그들을 버리고 가는구나!

우리는 무사히 강을 건너 첫 번째 섬에 닿았다. 그 섬 한쪽에서는 대형 조선 선박들이 오르내리고 있었고, 섬의 다른 쪽, 즉 같은 강의 다른 지류 쪽으로는 수없이 많은 중국 배들의 돛이 강 위를 누비고 다니는 것이 보였다. 뭍으로 올라온 나는 다시 한 번 뒤를 돌아 이 아름다운 조선, 나의 사랑하는 포교지를 한참 동안 바라보았다! 이 얼마나 아름다운 경치인가! 얼마나 눈부시게 아름다운 전경인가! 그것은 마치 어쩔 수 없이 작별해야 하는 나에게 보내는 조선의 미소와도 같았다. 나는 마음속으로 조선을 포옹하며, "잘 있거라! 곧 다시 보자!" 하며 조선을 향해 나의 가장 다정한 강복을 주었다!

이 섬을 지나니 섬 하나가 더 있었다. 그러니까 우리는 같은 강의 세 지류를 지나게 된 셈이다. 두 번째 섬에는 중국인들이 살고 있었다. 조선인들도 중국 영토인 그곳으로 매일 통행하고 지나다니며 땔감을 구하기도 하고 산에서 자라는 키 큰 풀들을 베어 가기도 한다.

10. 만주에서

우리가 지나가는 이 지방에 사람이 살기 시작한 것은 얼마 되지 않는다. 몇 해 전만 해도 이곳은 중국과 조선을 구분하는 광활한 황무지였고 사람이 살고 있지 않았다. 그런데 중국 정부가 이 땅을 매각하여, 지금은 여기저기 지은 지 얼마 안 된 작은 집들이 보인다. 이곳에 살고 있는 중국인들이 나무를 베고 불을 질러 지역을 개간하고 농지를 일궈서 농작물이 왕성하게 자라나니, 이곳은 이제 황무지가 아닐 뿐만 아니라 얼마 지나지 않으면 비옥한 고장이 될 것이다.

아직 이곳엔 주막이 없었으므로 아침에 신경을 써서 점심 식사를 싣고 떠났다. 60리를 걸은 후 석손에 도착했다. 그곳에 조선 정부에 속하는 집 한 채가 있었는데, 변문邊門으로 가는 조선 정부 관리들에게 임시 거처로 사용되는 곳이었다. 우리는 그 집에서 잠시 쉬었다. 호송 관리가 나를 대접하느라 준비해 온 작은 음식 그릇들을 모두 풀어 펼쳐 놓고 식사를 권하니 나는 마다하지 않고 점심을 먹었는데, 음식은 식었지만 맛이 있었다. 오후에 60리를 더 갔고, 변문에 도착하였을 때는 이미 밤이 되어 있었다. 조선인들은 변문에 큰 사업소를 두고 있다. 우리는 서울에서부터 1,200리가 넘는 길을 걸어온 14일간의 여행을 마치고, 6월 24일 월요일 밤을 그곳에서 보냈다. 그곳은 조선 정부의 하급 관리들, 브로커들, 상인들 무리로 북적거렸다. 어지간히도 지저분하고 누추한 그 집 마당에는 조선의 조잡한 우차들이 상당히 많았는데, 그 위에는 앞으로 조선으로 조금씩 들여갈 북경 상품들이 산적해 있었다.

그곳에서도 역시 사람들이 나의 사정 이야기를 알고 싶어서 질문을 퍼부었다. 질문은 그날 내리던 빗줄기보다도 더 세게 쏟아졌으니, 그들은 다른 어떤 곳 사람들보다도 훨씬 대담하게 물어 왔던 것이다. 참으로 지독하게 따분한 일이었다.

나를 중국 관헌들에게 인계하기로 되어 있는 봉황성이라는 중국 마을은 변문에서 30리 떨어진 곳에 있어서, 다음 날 우리의 행렬은 그곳으로 향하였다. 길은 순조로웠다. 이런 일에 항상 더디게 움직이는 중국 관헌들의 결정을 기다리는 동안 우리는 여인숙에서 묵었고, 그곳에서 나는 줄곧 호송 관리와 이야기를 나누었다. 우리를 쳐다보고 있던 중국인들은 나를 무슨 높은 관직을 지닌 조선인으로 여겼다.

호송 관리와 이런저런 이야기를 나누던 중에 그가 이런 말을 하였다.

"중국 사람들은 얼마나 부드럽고 조용합니까! 걸핏하면 화를 내고, 날카롭고, 항상 수선스러운 우리 백성들의 기질과는 얼마나 대조가 됩니까!"

나는 이 딱한 친구의 말에 기꺼이 동의하였는데, 전날 내 눈앞에서 자기 자신의 거만하고 참을성 없는 성격의 실례를 두 번이나 보여 주었던 만큼 더욱 그의 말에 동의하였다. 강을 건널 때의 일이었다. 어느 조선인이 나를 쳐다보는 데 정신이 팔려 그만 자기가 관장 앞에서 담배를 피우고 있다는 사실도 잊고 있었던 모양인데, 우리 관리가 그것을 본 것이다. 관리는 화가 나서 어쩔 줄 모르면서 그 조선인의 입에서 담뱃대를 빼앗으라 하고 비상시에 가마 지지대로 쓰이는 굵은 막대기로 그의 머리를 후려치라고 명령하였다. 그 가련한 남자가 아무리 자신의 부주의하였던 행동을 사과하고 용서를 구하여도 극도로 흥분한 관리는 남자의 말을 듣지 않았다. 그렇게 사람을 다루는 것에 분개한 나는 광분하고 있는 그 관리에게 다가가 "그만하면 충분합니다." 하고 조용히 타일렀다. 이러한 상황에서 나를 보는 것이 창피하였던 그는 아무 일도 없었다는 듯이 웃었고 그 불행한 남자를 놓아주었다. 또 한번은, 무슨 이유인지는 모르겠지만 또 화를 내고 있는 것을 보았는데, 그때 그의 얼굴은 불덩어리였고 어찌나 격분하고 있었는지 목에서 목소리가 안 나올 정도였다. 백성의 아버지라는 사람이 그 정도라니!

중국인들은, 특히 북쪽 사람들은 소란스러운 조선인들에 비하면 아주 유순하다. 그러나 우리 관리도, 앞에서 이야기한 두 번의 일화만 제외하면 아주 괜찮은 사람이었다. 그는 기꺼이 나와 이야기도 나누었고, 또 내 쪽에서 그에게 불만을 품을 것이 하나도 없었으니 말이다.

드디어 정오경이 되어서야 나의 일을 처리하러 갔던 두 역관이 돌아왔다. 그들의 말에 따르면, 중국 관리들이 나를 인계받아서 무크덴[92]까지 호송할 것이고 거기에서 유럽인들을 만나서 그들에게 최종적으로 인계할 것이라고 하였다. 그래서 우리는 아문衙門으로 가서 모든 문서를 작성하였고, 쌍방이 문서에 서명을 하니 내가 중국 관헌들에게 인계되었다. 그러고 나자 작별할 때가 되었다. 호송 관리는 나를 대단히 칭송하였고 앞날의 축복을 빌어 주었으며, 나는 내가 표현할 수 있는 최고의 치하로 그에게 답하였다. 통역관들은 가을에 북경에서 만나자고 기약하였지만 나는 약속을 할 수가 없었다. 나는 교꾼들에게 어느 정도의 사례를 하고 싶었는데 엽전 한 냥도 가지고 있는 게 없었다. 그래서 나를 호송하기로 되어 있는 중국 관리에게 몇 냥만 빌려달라고 청하였더니, 나를 믿지 못하겠는지 빌려 주지 않아서 한 푼도 구할 수 없었다. 결국 조선인들이 다 떠나니, 이는 마치 조선이 내게서 멀어지는 듯하였다.

중국인들이 나를 어느 방으로 인도하였고, 나는 그곳에서 즉시 의복을 갈아입었다. 머리는 조선식 투페[93]를 내려서 중국식으로 잡게 땋았고, 궤 속에서 작은 검정 수단soutane을 꺼내 입었다.

[그리고 내게 먹을 것을 갖다 주기를 기다렸는데, 아침부터 아무것도 먹지 못하였기 때문이다. 그러나 아무리 기다려도 소식이 없었다! 내 방을 지키고 있는 듯한 한 중국인에게 말해 보았으나, 그는 때가 지났다고만 대답하고는 동네 고양이들을 몽땅 쫓기라도 하는 듯 바이올린을 닮은 악기의 현을 거칠게 켜기 시작하였다. 음악이 주린 배를 채워 주지는 못하였고 더군다나 예술가를 절대 방해해서는 안 되었기에 나는 다른 이에게 그리고 또 다른 이에게 부탁해 보았다. 그러나 모두 먹을 것이 없다며 저녁까지 기다리라고만 대답하였다! 얼마 지나서 작은 과자를 파는 아이가 나타났다. 그러나 돈이 없는데 어떻게 사겠는가? 마침 주머니 안에 조선 엽전 다섯 냥이 들어 있어서 아이에게 세 냥을 주니 아이가 손가락만 한 과자 세 개를 주었다. 그리고 내가 그것을 먹는 것을 보더니 추가로 과자 세 개를 더 주었다. 나는 처음엔

사양하였다가 아이의 착한 마음을 보고 결국 받고 말았다. 저녁이 되어서 저녁 식사를 기다렸으나 역시 아무 소식이 없었다. 그래서 물어보니 그들 대답이, 나를 깜빡 잊었다고 하면서 나의 식사를 책임지고 있는 사람이 누군지 모르겠다고 하는 것이다. 이는 결코 내가 기다렸던 대우가 아니었다! 그래서 나를 인계받았고 호송하기로 되어 있던 관리를 만나게 해 달라고 청하였다. 그러나 어디서 그를 찾을 수 있겠는가? 바이올린 비슷한 악기의 연주가가 여전히 현을 켜고 있는데 드디어, 다행스럽게도, 관원인 듯한 사람이 하나 와서, "아니, 식사를 못하였다는 말이오? 그런데 이 시각에 어떻게 먹을 것을 구한담? 대인께선 무엇을 드실 수 있을까?"라고 말하였다.

"아무것이나 주시오. 밀가루로 만든 과자는 늘 구할 수 있지 않겠습니까."

"오! 그 정도야 구하기 쉽지요."

그렇게 말하더니 그가 내게 작은 중국 빵 세 개를 사다 주었다. 나는 그것으로 식사를 대신하고, '그래도 나를 확인하러 사람이 오는구나. 또 내일이면 나를 푸대접하는 이곳을 떠날 것이다.' 하는 생각에 안심을 하고는 잠을 청하였다.]

이튿날 나와 관장은 수레에 올랐다. 그리고 각자 창을 들고 수건에 싼 환도를 찬 채 말을 타고 우리와 동행하는 병사 10여 명의 호위를 받으며 길을 떠났다. 나는 몇 개의 산을 통과하는 이번 여행에 대해서 기술할 생각은 없다. 다만, 더위가 극심하였고 바위투성이 길 위에서 수레가 들썩거리는 바람에 적지 않게 피로한 여행이었다. 그래도 내 생각엔 그것이 조선 여행 중에 앓고 있었던 병을 낫게 해 준 약이 된 것 같다. 전날 굶은 것도 병이 낫는 데에 한몫을 한 것 같은데, 단식이야말로 좋은 약이라는 말도 있지 않은가.

5일 후, 6월 30일 일요일에 무크덴에 도착하니, 관장은 피로로 반쯤 죽은 상태이고 나는 소생하여 부활하였다. 이곳에서도 면담 시간은 상당히 길었다. 나는 길 한복판에 세워 둔 수레 위에 앉아서 기다리고 있었는데, 곧 슬금슬금 나를 에워싸고 사람들이 모여들었다. 그들은 막무가내로 내가 영국인이기를 원하였고, 내가 아무리 프랑스인이라고 반박을 해도 소용없이 항상 이야기가 원점으로 되돌아갔다. 마침 망명 생활을 하고 있다는 한 젊은 조선인이 구경꾼들 무리 속에 있다가 내 말을 통역해 주었다. 급기야 우리는 어느 주막으로 들어갔고, 얼마 지나지 않아서 한 관리가 그곳으로 우리를 찾아왔다. 관리가 내게 다가와 손을 내밀며 "예스." 하기에 우리는 영국식으로 악수를 나누었다. 그런 다음에 관리는 내게 영어 실력을 보이려고 손가락을 하나하나 꼽으며 말했다.

"원, 투, 쓰리, 포, 파이브, 식스, 세븐."

그리고 '세븐'에서 멈추고 내게 다시 물었다.

"당신은 영국인입니까?"

"아니요. 나는 프랑스 사람입니다. 이곳에 가톨릭 성당이 있으니 그곳에 신부님 한 분이 계실 것입니다. 나는 그분을 만나고 싶습니다."

관리는 즉시 신부를 부르러 사람을 보냈고, 신부가 주막으로 오자 나의 이야기를 하였다. 조금 있다가 나는 신부가 있는 방으로 인도되어 갔는데, 가서 보니 그는 다름아닌 내가 몇 해 전에 노트르담 데 네주 성당(성모설지전 성당)에서 만났던 슈발리에 신부였다. 그 역시 나를 보고 얼마나 기뻐하던지! 그는 자신의 눈을 믿을 수 없다는 표정이었는데, 내가 죽었다는 소식을 들었던 모양이었다. 관리가 그에게 물었다.

"이 신부를 아시오?"

"알다마다요."

"이 사람이 프랑스 사람입니까?"

"그럼요. 나처럼 프랑스인입니다."

"당신이 이 사람을 책임지고 이 사람의 보증인이 될 수 있습니까?"

"물론입니다. 기꺼이 그렇게 하겠습니다."

"좋소. 그러면 당신이 이 사람을 데려가시오."

그러고서 나를 신부에게 인계하니, 나는 드디어 6개월의 억류 생활을 끝내고 자유인이 되었다! 우리는 수레를 타고 슈발리에 신부의 사제관으로 갔다. 그와 내가 서로 나눈 감회에 대해서 기술하는 것은 생략하련다.

그날 저녁, 나는 교황 비오 9세께서 선종하시고[94] 레옹 13세께서 새 교황으로 선출되셨다는 소식과 베롤 주교의 선종 소식, 비토리오 에마누엘레[95]의 서거 소식 등을 들었다. 또한 조선의 동료 선교사들 소식도 들었는데, 그들이 생존해 있으며 여전히 조선의 임지에 남아 있다는 것이었다. 나는 그곳에서 특별히 나의 부활절을 기념하는 영광을 누렸으니, 내가 미사성제를 봉헌해 본 지가 얼마나 오래되었는지!

이 도시에는 교구에 속한 아름다운 성당 한 채가 있다. 얼마 전 슈발리에 신부가 건축한 아름답고 웅장한 성당이 준공을 눈앞에 두고 있었는데, 두 종탑이 도시를 굽어보고 있는 이 성당은 멋있는 건축물이 될 것이다. 내가 이곳에 도착하자마자 영구[96] 쓸口Ing-tze 항으로 편지 한 통을 발송하였으나 불행하게도 그 편지는 도중에 분실되고 말았다.

나는 한시 바삐 노트르담 데 네주 성당으로 가서 모든 동료들의 소식을 듣고 싶었다. 그래서 7월 4일에 출발하여 저녁에 철령[97] Cha-ling에 도착하니, 내가 올 줄은 꿈에도 모르고 있었던 부아예 Boyer 신부가 나를 보고 깜짝 놀라며 반겼다.

이튿날 나는 우장Niou-Tchouang으로 갔고, 나의 출현은 거기서도 신자 공동체 사목을 돌보고 있던 리파르Riffard 신부를 깜짝 놀라게 만들었다.

6일, 리파르 신부는 말을 타고 나는 수레를 타고 함께 길을 떠났다. 목적지에 가까워지자 리파르 신부가 먼저 가서 내 도착 소식을 전하였다. 얼마 지나지 않아서 그곳 신부들이 말을 타고 마중을 나왔다. 도시 안으로 들어서자 그 지역의 유럽 상인 몇 명이 이 기마 행렬에 합류하였다.

모두들 얼마나 놀라고 반가워하는지, 그것을 어떻게 글로 옮기겠는가. 12년 전, 나의 주보성인이신 낭트의 펠릭스 성인 축일 전날인 7월 6일에, 나는 지금과 거의 똑같은 상황에 처해서 체푸 연안에 도착했었다.

저녁에, 만주 교구의 수석 대표인 뒤바이Dubail 신부가 나의 석방에 대해 하느님께 감사드리는 장엄강복 미사를 봉헌하라고 알려 왔다. 우리의 거룩하신 구세주를 내 두 손에 모시고 나는 얼마나 행복에 겨워 미사에 참석한 이들을 강복하였던가. 그리고 나의 부모와 모든 친지들과 나의 모든 벗들을 얼마나 생각하였던가.

[내 동료 신부들과 이 지역의 유럽인 거주민들 그리고 성영회聖嬰會를 운영하며 어린 고아들을 받아 돌보며 다양한 사목 활동으로 널리 선업善業을 펼치고 있는 포르티유의 섭리회 수녀들이 잊지 않고 나에

게 애정 어린 인사와 축하 인사를 전하였는데, 내가 이것을 모두 여기에 적을 수는 없다. 나는 항구에 사흘을 머물고 나서 7월 10일, 뒤바이, 라귀Laguit, 라루에Lalouyer 세 신부와 함께 양관Yang-Kouan[98]으로 가서 리샤Richard 신부를 만났다. 그는 때마침 우장에서 보낸 편지를 받아 소식을 듣고 서둘러 나를 환영하는 잔치를 준비해 놓았다. 과연 마을로 들어서기 2킬로미터 전 지점에 이르자 나를 마중하러 나온 수레와 기마 행렬과 마주쳤는데, 수레에는 손에 깃발을 든 어린이들이 가득 타고 있었고, 말을 탄 기마병들은 어깨에 총을 메고 있었다. …… 나를 위해 작은 수레를 준비해 왔기에 내가 그 수레에 오르니 음악에 맞춰 행렬이 다시 시작되었다. 온 마을 사람들이 이 진풍경을 보러 달려 나오는 것을 보니, 분명 그 마을에서는 한 번도 이와 같은 축제를 본 적이 없었던 모양이다. 마을 입구에서 나는 주교복으로 갈아입고 뮈텔Mutel 신부[99]와 리우빌Liouville 신부[100]가 주도하는 행렬을 따라 감사 찬송 테데움이 울려 퍼지는 성당 안으로 들어섰다. 그리고 나는 깊이 머리를 숙이고 강복을 기다리는 미사 참여 신자들에게 강복을 주었다.

여행은 이렇게 끝이 난다. 나는 조선에 남아 있는 나의 선교사들과 강압적으로 작별할 수밖에 없었으나, 이곳에서 또 다른 세 명의 신부들, 주님의 섭리의 시간이 오면 형제들을 도우러 갈 만반의 준비를 갖추고 대기하고 있는 신부들을 만났다. 비록 내가 있는 장소는 바뀌었으나 내 가족은 변함이 없으니, 하느님의 은총으로 조선 선교지에 속한 모든 선교사들은 그곳에서나 이곳에서나 모두 한 가족이라 우리 주님 예수 그리스도 안에서 일치와 사랑으로 생활할 것이니, 우리 주님 예수 그리스도는 영예와 영광과 사랑을 세세에 영원히 받으소서.

조선 교구장 펠릭스 리델]

역자 후기

130년 전 시선에 갇힌 사람들

『나의 서울 감옥생활 1878』은 리델(1830~1884) 주교가 1878년 1월 28일 서울에서 체포, 투옥되어 같은 해 6월 10일 석방될 때까지 약 5개월간 좌, 우포청에서 보낸 감옥 생활에 대한 수기이다. 그는 석방과 동시에 중국으로 송환되었고, 만주의 차코우에 있는 노트르담 데 네주(성모설지전) 성당에서 지난날 서울 포도청에서 치렀던 감옥 생활을 상세하게 집필하여 1878년 10월 20일자로 그의 소속 수도회인 파리외방전교회 본부로 보냈다. 파리외방전교회에서 분류해 놓은 문서 번호에 따르면 리델의 수기는 문서번호 V.580. ff 415~480에 해당된다. 그의 수기는 1879년 「가톨릭 전교지 Les Missions Catholiques」(제507호~제519호)와

「전교회연보」L' Annale de la Propagation de la Foi」 (제305호~제306호)에 실려 프랑스에 소개되었다. 그리고 그로부터 22년이 지난 1901년에 역시 파리외방전교회 소속 신부이며 역사 담당인 아드리앵 로네(1853~1927)가 리델의 약전을 덧붙이고 그의 수기 내용 중 일부를 생략하여 파리 BROUWER 출판사에서 출간하였다. 이번에 나온 역서 『나의 서울 감옥생활 1878』은 로네의 간행본을 번역한 것이다.

그의 수기를 통해서 우리는 당시의 조선의 감옥 생활과 제도, 구조 등에 대해서 알게 된다. 새로 온 죄수가 감옥 안으로 입방하면서 받아야 하는 절차, 죄수들 간의 정보를 염탐하고자 걸인 행색을 하고 옥간에 눌러 있는 '포도청 소속 비밀경찰', 잔혹하게 죄수들을 다루는 옥졸들, 여러 유형의 수감자들, 같은 옥간에 갇혀 있던 여성들의 초상, 감옥 내에서의 하루 일과, 사형 방법, 석방되어 나가는 수감자가 남아 있는 자들의 석방을 기원하며 베푸는 감옥 안에서의 잔치, "목매러 가자"는 옥졸의 부름을 받고는 밥 먹다가 밥숟가락을 놓고 옥졸의 뒤를 따라가던 어느 사형수, 채무를 갚지 못해 결국 목숨을 잃어야 했던 어느 양반 수감자 등에 관한 이야기를 통해 있는 그대로의 조선의 감옥 현실을 묘사하였다.

로네의 간행본에서는 편저자의 서설 또한 주목할 만하다. 로네는 범상치 않은 분량의 서설을 통해 리델 주교의 약전과 함께 한국천주교회사를 병술하였다. 그는 서설에서 한국 교회사 통사인 달레의 『한국천주교회사』 내용을 비교적 충실히 따르며 서술하지만 간혹 '유럽 국가의 군사력'에 대한 그의 자부심이 내포된 표현에서는 당시 지배적이었던 유럽 중심의 역사 기술을 엿볼 수 있다.

간행본에서는 원본 내용의 일부가 생략되었다. 로네는 리델의 수기 내용 중 "너무 세부적인 몇몇 내용들을 생략하였다."고 서설 부분에서 밝혔다. 로네가 편저자로서 리델의 수기 내용을 일부 생략하게 된 배경은 아무래도 두 판본 사이에 존재하는 23년의 간극에서 찾아야 할 것 같다. 1878년 리델의 수기가 나온 직후 한반도는 급격한 변화의 시기를 맞았다. 조선은 그동안 '조용한 아침의 나라', '은둔의 왕국'의 이미지를 벗고 외교적으로 개방된 시기로 들어섰다. 1880년대부터 1904년까지 수많은 서양의 민속학자, 인류학자, 외교관, 기술자, 탐험가, 여행가들이 조선을 방문하였고, 그들은 자국으로 돌아가 저마다 여러 활자 매체를 통해 자신들이 체험한 조선을 소개하였다. 조선에 관한 민속학적인 자료들은 이미 타 매체를 통해 충분히 소개되었다고 판단한 로네가 리델의 원본에 묘사되어 있는 조선의 풍물이나 민속놀이를 소개하는 부분을 생략하였으리라고 추측해 본다. 또한 로네의 주된 관점이 순교사에 있었다는 점도 간과할 수는 없다. 로네는 1925

년에 『한국순교복자전』을 저술 편찬하였다. 리델의 수기를 간행한 때는 그가 『한국순교복자전』을 준비하던 시기였으므로 아무래도 관심이 선교지의 순교자들에 집중되어 있었을 것이다. 따라서 조선의 지명이나 기념물 등은 그의 관점에서 배제되었고, 천주교 신자가 아닌 포졸, 무당, 관기와 같은 인물들을 둘러싼 일화 역시 그의 관심을 끌지 못했던 모양이다.

역자는 편저자보다는 원저자의 기록을 존중한다는 원칙에 입각해서 간행본에서 편저자가 생략한 몇몇 세부사항을 모두 복원하여 번역하였다. 특히 조선시대의 감옥상을 상세히 묘사한 리델의 수기는 조선 중후기사의 중요한 사료적 가치를 지니므로 우리에게는 무엇 하나 빼놓을 수 없는 소중한 자료이다. 이 작업을 위해서 리델 수기의 여러 판본들을 찾아 참조하였다. 프랑스 「가톨릭 전교지」와 「전교회 연보」에 각각 실린 활자본과 비교하여 보았고, 「리델문서 II」(1992, 한국교회사연구소)의 타자본을 참조하였고, 한국천주교중앙협의회 고문서 사료실에 보관되어 있는 원본 수고본의 복사본과 대조하였다.

리델은 한국천주교회사뿐 아니라 한국 근대사에도 중요한 인물이다. 그는 교회의 수장직을 수행한 조선교구 제6대 교구장이었고, 최초의 한국어 문법서인 『한어문전』과 『한불자전』을 편찬한 학자이기도

하였다. 또한 1866년의 병인양요와 관련된 인물이기도 하다. 1866년의 박해로 인해 동료 프랑스 선교사 9명을 비롯한 조선의 무수한 신자들이 처참하게 죽어가자 그는 중국으로 탈출하여 당시 상해에 정박해 있던 프랑스 극동함대 함장인 로즈 제독을 만나 조선에서 벌어지는 학살 사태를 알리고 프랑스 군사력의 개입을 요청함으로써 병인양요의 빌미를 제공하였다.

병인박해 때 중국으로 탈출한 리델은 1877년 9월, 조선을 떠난 지 11년 만에 조선에 다시 잠입하였다. 그러나 포교활동 4개월 만에 조선 잠입 사실이 발각되어 체포된다. 리델의 수기는 그가 체포되던 바로 그 시점부터 시작한다. 선교의 자유를 보장 받지 못했던 시기라 항상 사람들의 시선을 피해야 했던 그는 아이러니하게도 체포된 순간 더할 수 없는 시선의 자유를 느낀다.

나는 마음 놓고 서울의 거리들을 바라볼 수 있었다. 나는 더 이상 숨을 필요도 없었고, 사람들 눈에 띨까 두려워할 필요도 없었다. 내가 사람들의 시선을 두려워하지 않고 이렇게 거리를 가로질러 갈 수 있는 것은 이번이 처음이었다. 양쪽에서 두 포졸이 나를 단단히 붙들고 서로 자기 쪽으로 내 몸을 끌어당기는 바람에 나는 좌우로 휘청거리면서도 서울의 모든 풍경을 눈여겨볼 수 있었다.

포도청에 갇힌 몸이 되어 그는 더 이상 감시의 대상이 아니라 오히려 관찰자가 되어 조선인들을 응시하였다. 그의 응시는 결코 동양인에 대한 탐색의 시선이 아니었다. 천주교 신자와 신자 아닌 자들을 구별하지 않았고, 무당, 잡범, 광대를 모두 '나의 동반자'로 껴안는 진정 자유로운 사도의 눈길이었다. 꼬박 130년이 지난 오늘 우리는 리델이 자신의 시선 속에 담아 놓은, 포도청 깊숙한 곳에 갇혀 있던 사람들을 만나게 된다. 이 책을 번역하는 동안 리델의 서술이 전개됨에 따라 나의 시선 앞으로 등장하는 저 나약하고 가련한 한 사람 한 사람에게 붙들려, 그들을 쉽게 떠나 보낼 수 없어서 번역이 자주 중단되어야만 했다. 오로지 천주교 신자라는 이유로 죽어서도 차꼬를 벗지 못한 변문 통신원, 마당에 고여 있는 썩은 물도 감지덕지하여 그 물로 몸을 씻었다가 오히려 병을 얻은 죄수들, 겨울에 알몸으로 지내야만 하는 죄수, 붙들려 들어올 때 입고 있었던 한겨울 솜옷을 유월 초여름까지 한 번도 갈아입지 못한 채 악취 풍기는 썩은 짚 거적 위에 앉아서 기도하던 리델 주교.

부유한 죄수가 석방될 때면 그는 으레 가난한 도둑 죄수들에게 쌀 몇 말을 선물하곤 한다. 그러면 그날은 죄수들에게 잔칫날이 되었다. 그는 이러한 경우에 고사를 지내는 일을 결코 빠뜨리지 않는다. 고사는 이렇게 지냈다. 밥상을 들여오면 밥을 지은 자가 밥 한 숟갈을 떠서 옥졸에게 건네준다. 그러면 옥졸은 그것을 도둑 죄수들 옥간에 걸려 있는 어떤 그림 앞에다 갖다 놓는다. 그러고는 두 번째 밥술을 떠서는 형 집행실 혹은 시체실 창살 너머로 있는 힘을 다해 뿌리면서 "죄수 모두가 내일 아침이면 모두 나가게 해 주십시오."라고 외치는데, 그러면 그때 죄수들은 "아니오! 오늘 밤 당장이요!"라고 외친다. 그러면 제주는 "죄수 모두가 오늘 밤 당장 다 이 옥간을 나가게 해 주시어 한 사람도 남아 있지 않게 해 주십시오!"라고 다시 고축하였다. 이 모든 것이 웃고 농담하고 펄쩍펄쩍 뛰면서 치러졌다.

"오늘 밤 당장!"을 애절히 외쳤던 그들이 한 사람의 시선의 기록을 통해서 130년이 지나 감옥 문을 나설 수 있게 되었다. 이제 세상 밖으로 나오는 그들을 독자들이 따뜻하게 맞아주리라 믿는다.

이 책은 여러 지인들의 한 땀 한 땀 도움으로 완성될 수 있었다. 한국천주교회사나 한국사 그 어느 쪽으로도 충분한 지식을 갖추지 못한 역자가 이 책을 번역할 수 있었던 것은 모두 그들의 애정 어린 도움에 기댈 수 있었던 덕분이다. 그들에게 머리 숙여 감사 드린다.

만사에 느리기만 한 나를 끌어 당겨주고 밀어 주는 가족 모두에게 고마움을 전하며 특히 정민 언니와 정우, 정수에게 이 책을 바친다.

2008년 성탄절을 앞두고

유소연

주

1 「전교회지 L' Annale de la Propagation de la Foi」(1822~1999). 1822년 전교회 L' OEuvre Pontificale de la Propagation de la Foi 창설과 함께 창간된 전교회 기관지이며 격월간지이다. '양세계兩世界 포교지로 파견 나가 있는 주교들과 선교사들의 서한들과, 포교지와 포교 사업에 관련된 모든 정보를 묶은 정기간행물'이라는 부제호가 그 특성을 나타내듯이, 후원회 회원들에게 각 포교지의 소식을 전하며 후원을 독려하는 역할을 해 왔다. 총 1,023호(1997년까지)가 발행되었는데 그중 한국 관련 기사는 약 611건에 달한다.

2 리델은 1859년 7월 29일 파리외방전교회에 입회하여 1860년 7월 27일에 조선을 향해 출발하였다.

3 리델은 그를 '조선(드 코레) 선교사'라고 소개하는 주교의 말을 재치 있게 받아서 자신들은 '훈장 수훈자(데 코레)'라고 다시 한 번 자신을 소개하고 있다. 그가 말하는 '훈장'이란 바로 십자가임을 다음의 문맥에서 알 수 있다.

4 칼레Calais, 姜(1833-1884), 조안노Joanno 吳(1832-1863), 랑드르Landre, 洪(1828-1863).

5 프랑스어로 '메린도Mérinto'라고 표기되어 있다. 메린도는 백령도 혹은 그 근처의 작은 섬으로 추측되는데 대부분의 선교사들이 이곳을 약속 장소로 잡았다. "초기 선교사들은 육로를 이용하여 중국과 국경 지역인 변문邊門, 의주義州를 통하여 입국하였으나, 1845년부터 선교사 입국이 비교적 완화된 1880년까지 백령도가 조선으로 입국하는 선교사들을 비밀리에 안내하는 만남의 장소로 부상되었다." 韓鍾五, 「교회와 역사」, 제252호.

6 간행본에는 3리유lieue로 표기되어 있다. 프랑스 옛 거리 단위인 1리유는 약 4킬로미터이고 10리에 해당된다.

7 샤를르 달레Charles Dallet 『조선천주교회사 Histoire de l' Eglise de Corée』 1874. 프랑스 파리외방전교회의 신부인 달레(1829~1878)가 저술한 최초의 한국 천주교회사 통사로서, 서설에서는 조선의 지리, 역사, 제도, 풍속 등을 개설하고 있고, 본문에서는 한국에 천주교가 수용되는 과정부터 1871년 신미양요까지를 다루고 있다. 달레의 Histoire de l'Eglise de Corée는 1980년 최석우, 안응렬 공역으로 『한국천주교회사』 상, 중, 하 세 권으로 간행되었다. 역자는 당대의 용어를 사용한다는 원칙 아래에 달레의 불어본을 『조선천주교회사』로, 번역본을 『한국천주교회사』로 구별하였다.

8 Louis Veuillot(1813~1883). 프랑스의 언론인으로 교황권의 옹호자였다. 1843년에 「위니베르 L' Univers」지의 편집자가 되었다.

9 제1차 바티칸 공의회(1870).
10 『조선천주교회사』 편찬을 처음 계획한 사람은 제5대 조선 대목구장인 다블뤼M. N. A. Daveluy, 安敦伊 주교였다. 그는 순교자들의 전기를 비롯한 몇몇 국한문 자료들을 수집하여 이를 프랑스어로 번역함은 물론, 위의 자료들을 근거로 「비망기備忘記」를 작성하는 등, 1857년부터 본격적으로 작업에 착수하였다. 그러나 1862년 건강상의 이유로 편찬 작업을 포기하게 되어, 「비망기」를 비롯하여 프랑스어로 번역한 모든 자료를 파리외방전교회로 보냈다. 1872년부터 달레 신부가 외방전교회의 고문서고에 보관되어 오던 이 자료들을 정리하여 『한국천주교회사』의 기본 사료로 이용한 것이다. 루이 뵈이요는 다블뤼 주교가 보내온 자료들을 구하여 읽었던 것 같다.
11 임진왜란(1592-1598) 때 전쟁포로로 일본으로 끌려간 조선인들 가운데 몇 명이 그곳에서 입교하여 신자가 되었고 1614년 이후 일본에서 여러 차례 박해가 일어났을 때 그 조선 신자들이 일본에서 순교했다는 기록이 다블뤼의 자료에 포함되어 있었던 모양이다. 그러나 풀 씨 몇 알이 바람에 실려와 뿌리를 내리듯 일본에서의 순교자의 피 몇 방울이 조선으로 건너 왔으리라고 표현한 루이 뵈이요의 상상적 이미지는 가히 시적詩的이며, 게다가 그것을 한국 천주교회의 기원으로 연결 짓는 그의 상상에는 무리가 있어 보인다. 『조선천주교회사』의 저자인 달레도 이 사실을 언급했다. 그러나 한국 천주교회사의 기원을 임진왜란 시점에 맞추고 일본과 연관지으려고 하는 견해에 대해서 달레의 입장은 확고하다. "(일본의) 박해 중에 조선 사람 신입교우들 몇몇이 일본인 동지들과 함께 사형장에서 예수 그리스도를 증거하는 영광을 나누어 가졌다." (『한국천주교회사』상, p. 285)

그러나 달레는 "일본에서 순교한 조선인 신자들의 생애와 순교한 사적은 일본 교회사에 속하지만 그 출생으로는 조선 천주교회의 첫 수확이 된다."(p. 286)고 덧붙여 조선인 신자의 순교사적인 가치에 주목할 뿐 이것이 조선 천주교회의 태동으로 이어지지는 않는다고 단호하게 말한다.

"일본군이 조선에서 물러갈 때 천주교의 싹을 좀 남겼고, 그래서 조선 천주교회의 기원을 이 원정(임진왜란)에까지 거슬러 올라가는 것으로 볼 것인가. 그렇다고 거듭 주장하는 이들이 최근 있기는 하였지만 이 주장은 진지하게 검토할 값어치가 없다."(p. 284).

"일본의 침략은 조선에 아무런 복음의 자취도 남기지 않은 채 사라졌고, 완전히 문호를 막고 있는 이 나라에 신앙이 뚫고 들어갈 수 있기까지는 아직도 두 세기世紀가 흘러가야만 하였다."(p. 294)

12 교황 비오 6세(1717~1799, 재위 1775~1799)는 구베아 북경 주교로부터 조선에 복음이 기묘하게 전해졌다는 소식을 듣고 1792년에 조선 교회에 대한 보호와 지도를 북경 주교에게 위임하였다. 이후 조선 포교지는 1831년 조선 대목구가 설정될 때까지 북경 주교에게 속하게 되었다.

13 1790년 프랑스에서는 교회 재산의 몰수와 국유화에 관한 법률이 공표되었고, 이후 교회와 성직자에 대한 박해가 일어나 약 4만 명의 신부들이 투옥, 유배, 처형되었으며, 1793년에는 그리스도교가 폐지되었고, 1795년에는 교회와 국가의 완전 분리가 법제화되었다. 1796년 나폴레옹은 교황령을 침공하였다. 1798년 로마가 점령되고 로마 공화국이 선언되면서 교황 비오 6세와 교황청은 로마에서 쫓겨났다. 토스카나 대공국이 프랑스에 점령당하자 프랑스 군대에 의해 1799년 3월 28일 피렌체를 떠나 프랑스 남부에 있는 발랑스로 끌려간 교황은 그곳에서 같은 해 8월 29일에 사망하였다.

14 비오 7세(1742~1823, 재위 1800~ 1823).

15 조선의 신자들은 1811년 12월 9일자로 북경 교구 주교에게 보내는 편지와 교황에게 보내는 편지를 작성하여 그 이듬해에 북경의 선교사들에게 보냈는데, 이 편지에는 조선의 문화 및 정치 상황, 믿음의 자유를 얻기 위한 방법, 목자 파견 요청 등이 담겨 있었고, 순교자들에 대한 순교 기록이 첨부되어 있었다. 『한국가톨릭대사전』.

16 박해를 받고 있는 조선 천주교회를 말한다.

17 조선 교우들의 호소에도 불구하고, 교황은 현실적으로 아무런 도움도 주지 못하였다.

18 이미 조선 포교지의 상황을 잘 알고 있던 교황 그레고리오 16세(재위 1831~1846)는 1831년 9월 9일자로 된 두 개의 교서를 통해 조선 대목구의 설정과 브뤼기에르 주교의 대목구장 임명을 발표하였다.

19 브뤼기에르 바르텔레미Bruguiére Barthélémy, 1792~1835). 주교, 초대 조선 대목구장, 파리외방전교회 회원. 한국 성은 소蘇.

20 지금의 태국

21 샴의 교구장은 플로랑Florent 주교로, 성직을 수행하기 어려울 정도로 나이가 많았고, 당시 샴 교구가 어려운 상황이었음에도 불구하고, 브뤼기에르 주교가 지원자가 없으면 자신이 조선으로 가겠다는 의사를 표명하자 그의 이러한 계획에 찬성하여 1829년 6월 20일자로 그에 동의하는 서한을 로마 포교성성으로 보냈다. 같은 책.

22 브뤼기에르 주교는 1831년 9월 9일자로 조선 포교지가 대목구로 설정되었으며 동시에 자신이 그 초대 대목구장에 임명되었다

는 사실을 다음 해인 1832년 7월 25일에 알고 곧장 마카오로 떠났다. 같은 해 10월부터 1835년 10월까지 3년여 동안 갖은 고난과 위험을 무릅쓰고 중국 대륙을 횡단한 브뤼기에르 주교는 조선 입국을 바로 눈앞에 두고 마가자馬架子에서 쓰러져 그해 10월 20일 그동안의 과로로 사망하고 말았다. 당시 그의 나이는 43세였다. 같은 책.

23 Maubant, Pierre Philibert(1803~1839). 파리외방전교회원, 조선 교구 선교사. 한국명은 나백다록羅伯多祿. 프랑스 바시 교구 소속. 1831년 파리외방전교회에 입회하여 이듬해 중국 사천 교구 선교사로 임명되어 마카오로 떠났다. 그러나 도중에 조선 교구장 브뤼기에르 주교를 만나 조선 선교사가 되기로 자원하고 1836년 초 조선에 입국하는 데 성공함으로써 파리외방전교회원으로서 최초로 조선에 입국한 선교사가 되었다.

Chastan, Jacques Honore(1803~1839). 파리외방전교회원, 조선 교구 선교사. 한국명은 정아각백鄭牙各伯. 1837년 1월 15일에 서울에 도착하였으며, 모방 신부에 이어 서양인 선교사로서 두 번째로 조선에 입국하였다.

Imbert, Laurent Marie Joseph (1796~1839). 파리외방전교회원, 조선 교구 선교사. 한국명 범세형范世亨. 조선 교구 제2대 교구장. 1837년 12월 18일에 조선 입국에 성공함으로써 조선 땅을 처음 밟은 주교가 되었다.

24 앵베르 주교, 모방 신부, 샤스탕 신부는 1839년(현종 5) 9월 21일 군문효수라는 극형을 받고 새남터에서 순교하였다.

25 베르뇌, 시메온 프랑수아Berneux, Siméon François(1814~1866). 성인, 주교, 파리외방전교회 선교사. 제4대 조선 교구장. 한국명은 장경일張敬一. 1837년에 사제 서품을 받았고, 1839년에 파리외방전교회에 입회하였으며, 제3대 조선 교구장 페레올Ferréol, 高 주교의 유언에 따라 1854년 8월 5일자 교황 칙서를 통해 갑사Capsa 명의의 제4대 조선 교구장으로 임명됨과 동시에 조선으로 부임하였다. 1856년에 조선에 입국하여 1866년 병인박해 때 새남터에서 브르트니에르Bretenières, 白(1838~1866), 도리Dorie, 金(1839~1866), 볼리외Beaulieu, 徐沒禮(1840~1866) 신부 등과 함께 군문효수형을 당하였다. 같은 책.

26 달레의 『조선천주교회사』에서는 당시의 정황을 교황 비오 9세에게 보고한 베르뇌 주교의 서한을 소개하고 있다. "…… 중국에서는 영국과 프랑스 군의 승리로 신앙을 받아들이는 일뿐 아니라 공공연하게 포교하는 완전한 자유가 보장되어 장래에는 박해를 두려워할 필요가 없게 되었다는 소식

을 들으시고 성하聖下께서는 그 모든 슬픔 중에도 어떤 위로를 받으셨으리라고 확신합니다. 조선 포교지로 말씀드리자면 아무도 상관하지 않는 것 같습니다. 그러나 이 나라 정부는 서양인들이 선전포고를 하지 않을까 전전긍긍하고 있으므로 저희들은 장차 평화와 평온을 누리고 따라서 풍성한 성공을 거둘 수 있으리라는 착실한 희망을 가지고 있습니다. 작년에 일어났던 박해는 완전히 끝났고 저희가 가꾸어야 할 밭에는 다시 꽃이 피어, 올해에는 근 800명이나 되는 사람들에게 세례를 주었습니다." 『한국천주교회사』 하, p. 328.

27 베르뇌 주교는 신장결석으로 심한 고통을 겪었다.

28 다블뤼, 마리 니콜라 앙토안Daveluy, Marie Nicolas Antoine(1818~1866). 성인, 파리외방전교회 선교사, 제5대 조선 교구장. 한국명 안돈이安敦伊. 1841년에 사제 서품을 받고 1843년에 파리외방전교회에 입회하여 1845년 10월 조선에 입국하였고 1857년 3월 25일 서울에서 승계권을 가진 보좌 주교로 서품되었다. 그는 1856년부터 조선 교회사 및 조선 순교사 사료를 본격적으로 수집하기 시작하여 1862년에는 그동안 수집 정리해 온 자료들을 파리외방전교회 본부로 보냈는데, 이 자료들이 바로 '다블뤼 비망기' 라고 불리는 것이다. 달레 신부는 이것을 바탕으로 하여 1874년에 『조선천주교회사』를 편찬 간행하였다. 1866년 3월 7일 베르뇌 주교가 순교하자 다블뤼 주교가 자연히 조선 교구장직을 승계하여 제5대 조선 교구장이 되었는데, 그 역시 같은 해 3월 30일 갈매못(현 충남 보령군 오천면 영보리)에서 군문효수를 당하여 교구장 재임 기간은 23일에 불과하였다. 『한국가톨릭대사전』

29 푸르티에Pourthié, 申妖案(1830~1866), 프티니콜라Petitnicolas, 朴德老(1828~1866), 페롱Feron, 權(1827~1903) 신부들을 말한다.

30 1861년 4월 7일에 조선에 입국한 리델Ridel, 李福明(1830~1884), 칼레Calais, 姜(1833~1884), 조안노Joanno, 吳(1832~1863), 랑드르Landre, 洪(1828~1863) 신부들을 말한다.

31 조선 입국 후 불과 2년 후인 1863년 4월 13일에 폐결핵으로 사망하였다.

32 1863년 9월 16일에 병으로 사망하였다.

33 경상도와 전라도 지역을 맡아 성무를 집행하였다.

34 간행본에는 원산 섬 'l'ile de Ouen-San' 이라고 표기되어 있다. 달레의 『조선천주교회사』에는 원산항으로 나와 있다. 'En janvier 1866, un navire russe se présenta à Ouen-san, port de commerce sur la mer

du Japon, ······.' 로네는 그의 서설에서 달레의 『조선천주교회사』를 근거로 당시 조선의 정세나 조선 교회사를 기술하면서도 정작 달레의 원본과는 다른 오기誤記를 상당수 범하고 있다.

35 러시아 선박 한 척이 원산항에 나타나 통상을 요구한 기록은 없으나 러시아인들이 국경을 넘어 세 번이나 경흥부慶興府에 나타나 서시書示한 사실은 있다. 따라서 이와 때를 같이하여 원산에 선박 한 척을 보냈다는 것은 있음직한 일이다. 『한국천주교회사』 하, p. 386, 각주 3 재인용.

36 김면호金勉浩(교회측 이름은 김계호), 홍봉주洪鳳周, 이유일李惟一을 말한다.

37 이 이야기는 칼레 신부의 1867년 2월 3일(양력)자 서한을 인용한 것이다. 거기에는 김면호金勉浩가 대원군에게 편지를 보내기에 앞서 사전에 베르뇌 주교를 찾아가 그 일을 의논하였고, 또한 조기진을 찾아가 편지를 대원군에게 전달하겠다는 약속도 받았다고 하였다. 조기진은 대원군 딸의 시아버지이다. 이 사실을 보고 받고 베르뇌 주교는 김면호를 책망하였으나 "대원군이 나를 만나겠다고 하면 나는 궁궐에 들어가겠다."는 말을 덧붙였다고 한다. 『한국천주교회사』 下, p. 386 각주 6 재인용.

38 대원군과 주교들의 회견은 결국 이루어지지 않았다. 당시 북쪽과 남쪽 지방 공소를 방문 중이었던 베르뇌 주교와 다블뤼 보좌주교가 대원군의 면담 요청 소식을 듣고 성무 집행을 잠시 중단하고 서울로 올라와 기다렸으나 대원군은 회견을 늦추었다. 그러던 중 1865년 12월에 북경으로 떠났던 조선사절단이 중국인들이 나라 안에 흩어져 있는 서양인들을 사형에 처하고 있다는 소식을 보내왔다. 이 편지가 1월 하순에 도착하자 주요 대신들은 주교들과 교섭을 하려던 대원군에 맞서 강력히 반대 입장을 표명하였다. 대원군은 굴복하였고 모든 서양인 주교와 선교사들에 대한 사형 판결과 천주교인들에 대한 국법 시행에 서명하였다. 위의 책, 하, pp. 388~389.

39 조선 측 기록에 의하면 이들이 참수형을 당한 날자는 3월 7일(음력 1월 21일)이다. 위의 책, 하, p. 400, 각주 47 재인용.

40 Ranfer de Bretennieres (1838~1866). 파리외방전교회 선교사, 신부. 한국 성은 백白. 프랑스 디종 교구 소속.

41 Dorie, Pierre Henri (1839~1866) 파리외방전교회 선교사, 신부. 한국 성은 김金. 프랑스 뤼송 교구 소속.

42 Beaulieu, Bernard Louis (1840~1866). 파리외방전교회 선교사, 신부. 한국명 서몰레徐沒禮. 프랑스 보르도 교구 소속.

43 Pourthie, Jean Antoine (1830~1866). 파리

외방전교회 선교사, 신부. 한국명 신요안申妖案. 프랑스 알비 교구 소속.

44 Petitnicolas, Michel Alexandre(1828~1866). 파리외방전교회 선교사, 신부. 한국명은 박덕로朴德老. 프랑스 생디에 교구 소속.

45 Huin, Martin Luc (1836~1866). 파리외방전교회 선교사, 신부. 한국 성은 민閔. 프랑스 랑그르 교구 소속.

46 Aumaitre, Pierre (1837~1866). 파리외방전교회 선교사, 신부. 한국 성은 오吳. 프랑스 앙굴렘 교구 소속.

47 1866년 12월 23일자 서한. AME:Vol. 579, f. 1005~1032. APF XXXVIII (1866) pp. 414~ 415 참조. 『한국천주교회사』하, p. 447, 각주 16 참조. 또한 위의 내용은 리델 신부가 1866년 12월에 형 루이에게 보낸 서한에서도 발견된다. 「리델 문서 I」, 한국교회사연구소, 1994, pp. 99~112.

48 현재 충남 공주시 사곡면寺谷面 신영리新永里.

49 푸르티에와 프티니콜라 신부는 당시 제천 배론의 성 요셉 신학교에 있었다.

50 간행본에는 2부아소deux boisseaux로 표기되어 있다. 곡물을 재는 옛 용량 단위 1부아소는 약 13리터에 해당한다.

51 1866년 8월(양력) 서한. AME: Vol. 579, f. 915~918. 『한국천주교회사』하, p. 452, 각주 21 재인용. 이 서한 원문은 역자가 직접 확인해 보지 못하였다.

52 6월 29일.

53 1866년 7월 1일, 조선 뱃사공 11명을 데리고 신창 용당리(아산시 선장면仙掌面 가산리佳山里의 용당龍堂)를 출발하였다.

54 체푸, 현 산둥성 연대시. 1860년 영국과 프랑스의 연합군에 점령되었으며 1863년 조약 항의 하나로 대외 무역에 개방되었다.

55 텍스트에 표기되어 있는 목적격 'vous'를 형님으로 번역하였다. 왜냐하면 이 서한의 원문을 확인하지는 못하였으나, 리델 신부가 1866년 12월에 형 루이에게 보내는 서한에서 배를 타고 조선을 떠난 이야기와 산동반도 체푸까지의 이야기를 이미 형에게 말한 바 있다고 밝히기 때문이다. 「리델 문서 I」, p.112.

56 달레의 『조선천주교회사』에는 다음 내용이 더 들어 있다. " 그러나 그 배는 저희에게 커다란 위안이었습니다. 서양 선박을 한 번도 본 적이 없었던 저의 선원들은 감탄에 빠져 '신부님, 저 사람들은 신자들일까요? 만일 저 배가 우리나라에 온다면 모두들 도망칠 텐데요. 저 배가 우리나라를 공격해서 임금께 종교의 자유를 주라고 강요한다면요.' 등등의 말들을 하였습니다." C'était du reste pour nous une grande

consolation. Tous mes matelots, qui n'avaient jamais vu de navire européen, étaient dans l'admiration. "Père, est-ce que ce sont des chrétiens? Si ce navire venait chez nous tout le monde s'enfuirait; il prendrait notre pays, et forcerait le roi á donner la liberté de la religion ; etc.", CH. DALLET, HISTOIRE DE L' EGLISE DE COREE, 1874, p.569?

57 간행본에는 'une colonne'로 나와 있고, 달레의 『조선천주교회사』는 '병사 160명'이라고 적고 있다. p. 582.

58 원문을 충실히 번역한다는 원칙에서 'expédition'을 '원정'으로 번역하였다. 그러나 '원정'은 어디까지나 프랑스측의 시각일 테고 우리쪽에서 보면 엄연한 '침략'이다.

59 1869년 4월 27일 교황 비오 9세는 리델을 조선 교구 제6대 교구장으로 임명하였으나 그는 주교직을 사양하였다. 그러나 결국 1870년 6월 5일 성령강림대축일에 로마의 예수회 성당에서 본느쇼즈Bonnechose 추기경, 초대 만주 교구장 베롤Emmanuel Jean Fransois Verolles 주교, 일본 교구장 프티장Bernard Thadée Petitjean 주교에게 주교서품을 받고 제1차 바티칸 공의회에 참석하였다. 『한국가톨릭대사전』.

60 요동반도 차쿠에 있는 성모설지전 성당 paroisse de Notre-Dame des Neiges.

61 1875년 9월 말, 리델 주교는 블랑Blanc 신부와 함께 초도 근처까지 가서 조선 입국을 시도하였으나 만나기로 한 조선 배를 만나지 못해 다시 차쿠로 돌아왔다.

62 1876년 4월 29일에 리델 주교는 블랑 신부, 드게트Deguette 신부와 함께 차쿠를 떠나 5월 8일 황해도 은율 앞바다 초도에서 마중 나온 조선 교우들을 통해 두 신부를 조선에 들여보내고 자신은 차쿠로 되돌아갔다. 1877년 9월 11일, 리델 주교는 두세Doucet 신부와 로베Robert 신부를 데리고 차쿠를 떠나 태장하 항구를 거쳐 23일에 황해도 장산곶에 무사히 상륙하였다. 1866년 7월 1일 조선에서 탈출한 지 11년 만에 다시 조선 땅을 밟은 것이다.

63 북경의 몽모랑de Montmorand 프랑스 공사가 리델 주교의 석방을 교섭하고자 총리아문을 찾은 것이 1875년 5월 10일, 주교를 석방하라는 황제령이 떨어진 것은 5월 15일, 이를 알리는 급사急使가 조선에 파견된 것은 5월 18일이다. 이에 따라 리델 주교는 6월 5일 감옥에서 나와 6월 10일에 서울을 떠났으며, 의주를 거쳐 압록강을 건넌 다음 6월 24일 저녁에 변문에 당도하였고, 다음 날 봉황성에서 중국 관헌들에게 인계된 후 6월 30일 봉천에 도착하여 본당 신부 슈발리에게 인계됨으로써 자유의 몸이

되었다. 선교사가 살해되지 않고 추방에 그친 것은 처음 있는 일이었다. 『한불수교100년사』, 한국사연구협의회, 1986, p. 26, 각주 69.

64 1866년 베르뇌, 다블뤼 주교를 포함한 아홉 명의 프랑스 선교사들이 살해되었던 병인박해 때 박해를 피해 조선을 탈출한 리델 신부에게 이 소식을 들은 당시의 주 북경 프랑스 공사 벨로네Bellonnet는 7월 13일 프랑스인 선교사 학살에 대한 보복으로 조선왕의 폐위를 선언하는 동시에 조선에 선전포고를 하고 그 사실을 총리아문의 공친왕에게 통고하였다. 공친왕은 중재에 나설 뜻을 비쳤으나 벨로네 공사는 조선 문제에 중국이 간섭할 수 없다고 일축하였다. 이에 총리아문은 조선이 과연 프랑스인 신부들을 살해한 사실이 있는지 사순查詢하기로 하고 예부로 하여금 조선에 자보咨報케 하였다. 이에 조선 정부는 7월 8일 회자回咨하기로 하고 회자문에서 프랑스인 신부들은 본국에 불법 입국하여 불궤不軌를 기도하였으므로 의법처단依法處斷하였다는 사실을 상진詳陳하였다. 『한국천주교회사』 하, p. 455, 각주 26.

65 문법서는 『한어문전 Grammaire Coréenne』을, 사전은 『한불자뎐 Dictionnaire Coréen Français』을 말한다. 19세기 중엽부터 사전과 문법서 편찬을 위해 선교사들이 많은 노력을 해 왔는데 최초로 시도한 이는 다블뤼 주교였다. 그러나 병인박해(1866)로 말미암아 수집해 놓은 원고가 모두 소실되고 편찬 계획도 무산되었다. 이후 편찬 사업을 다시 시작한 것은 리델 주교였다. 주교는 박해를 피해 중국으로 탈출한 후 조선 재입국을 기다리는 동안 상해와 차쿠 등지에서 편찬 작업을 계속하였다. 이때 김여경, 최지혁, 권치문 등의 조선인 신자들도 편찬 작업에 참여하였다. 1876년 거의 탈고된 『한불자뎐』과 『한어문전』의 원고는 코스트 신부에게 넘겨져 1877년 일본 요코하마에서 인쇄에 들어갔는데, 「일본의 소리 Echo du Japon」라는 잡지를 간행하고 있던 레비Levy 인쇄소에서 1880년에 『한불자뎐』이, 이듬해인 1881년에 『한어문전』이 출간되었다. 『한국가톨릭대사전』 참고.

66 '나의 서울 감옥 생활'은 리델 주교가 서울 포도청에서 석방되어 중국으로 송환된 후 약 4개월 뒤에 자신의 감옥 생활을 회고한 기록으로, 리델 주교가 속해 있는 파리외방전교회 본부로 보내는 한 통의 서한문 형식을 취하고 있다. 로네의 간행본에는 이 서한의 서두가 생략되어 있는데, 서한은 이렇게 시작되고 있다.

[1878년 10월 20일
노트르담 데 네주에서,
친애하는 벗들에게

나는 분명코 여러분들이 조선에서 무슨 일들이 있었기에 내가 강제로 중국으로 돌아올 수밖에 없었는지 그 원인과 일련의 사건들에 대해서 알고 싶어하리라고 확신합니다. 여러분의 이와 같은 궁금증을 풀어 주기 위해서 나는 기억을 최대한 되살려 기록해 보도록 노력하겠습니다. 사실 그 당시는 최소한의 메모도 할 수 있는 상황이 아니었기 때문에 철저히 기억에 의존할 수밖에 없고 또 현재 나는 피곤한 상태여서 앞으로 나의 서술에 결함이 있을 수도 있으리라 생각되지만, 그러나 도리가 없지 않겠습니까? 적어도 내가 희망하는 것은, 여러분이 이 글을 읽어 가면서 주님의 섭리의 흐름을 찬미하고 또 내게 그토록 풍성한 은총을 내려주신 좋으신 하느님께 감사드려 주십사 하는 것입니다.]

67 이 회고기는 원래 '친애하는 벗들에게bien chers amis' 앞으로 발송된 서한 속에 포함되어 있으므로 '여러분vous' 은 이 서한의 수신자인 파리외방전교회 동료들일 것이다.

68 최지혁(요한). 1871년 상해 대표부에서 리델은 미국 군함 편으로 상해에 온 조선 교우 아홉 명을 만나 조선 교회 실정을 들은 적이 있다. 이들 아홉 명은 1872년 5월에 조선으로 돌아갔는데, 그중 최지혁 노인은 리델 주교의 명에 따라 조선 교회 실정을 샅샅이 살펴보고 1875년 1월 중순 노트르담 데 네주 성당에 있던 조선 선교사들에게 와서 보고하기도 하였다. 리델 주교의 수행원이었던 최지혁은 리델 주교와 함께 『한불자던』과 『한어문전』의 편찬에도 종사하였다. 『한국가톨릭대사전』, 「교회와 역사」, 제40호, p.1.

69 리델의 원고본에는 '1868년의 배신자 Hpi'로 표기되어 있다.

70 Blanc, Jean Marie Gustave(1844~1890). 파리외방전교회원, 제7대 조선 교구장. 한국명 백규삼白圭三. 1878년 리델 주교가 중국으로 추방되자 주교 없는 한국 교회를 지키고 있다가 1882년 조선 교구장으로 임명되어 박해로 쓰러져 가던 조선 교회를 재건하는 데 성공하였다.

Deguette, Victor Marie(1848~1889). 파리외방전교회원. 한국명 최동진崔東鎭. 리델 주교가 중국으로 추방당하였을 때 드게트 신부도 체포되어 서울로 압송되어 3개월 감옥 생활을 하고 9월에 중국으로 추방당하였다. 1883년 다시 한국에 들어와 1889년까지 교세 확장에 힘쓰다 그해 4월 29일에 병사하였다.

71 『우포청등록』 27책. 1877년 12월~1879년 1월, '양인洋人 이복명을 잡아 청淸으로 회송回送한 일', 리델 주교에 대한 문초 내용이 기록되어 있다.

72 황해도 장산곶을 말한다.
73 로네의 간행본에는 6미터 15로 표기되어 있으나 그것은 분명 오기인 듯하고, 따라서 원고본에 나와 있는 15센티미터를 따르기로 한다.
74 가톨릭에서 말하는 시간 단위로 오후 3시경에 해당한다.
75 1수sou는 5상팀에 해당한다.
76 좌우 포도청에는 포도대장이 한 명씩 있었다. 포도대장은 포도청의 으뜸 벼슬로서 품계는 종이품이다. 포도대장 밑으로 종육품에 해당하는 포도종사관이 세 명 있는데 그들은 범죄자들을 잡아들이거나 다스리는 일을 맡아 보았다. 그 아래로 포도부장(포교 혹은 포도군관이라고도 함)이 있고 마지막으로 포졸(혹은 포도군사, 군졸, 관졸이라고도 함)이 있었다.
77 이어지는 대화 내용으로 보아 포도종사관이어야 맞을 것이다.
78 원고본에는 'Kim'으로 표기되어 있다.
79 피에pied는 옛날 길이의 단위로 1피에는 약 0.3248미터이다.
80 '발'은 두 팔을 벌린 길이로 약 1.6미터쯤 된다.
81 원고본에는 Kim.
82 죄를 사㪘한다는 사죄경을 듣기에 앞서 신자는 성찰과 통회의 충분한 시간을 갖는다.
83 미사 예절을 갖추어 미사를 집전할 수 없는 상황에서 마음속으로 미사를 바치는 것.
84 백나리는, 당시 리델 주교와 함께 조선 포교지에서 전교하던 블랑 신부를 말하는 것이 아니었을까 하고 짐작해 본다. 블랑 Blanc 신부의 한국명이 백규삼白圭三이니, 신자들이 그를 백 나으리라고 부르지 않았을까?
85 원문의 'le grand-maitre'를 '대감'으로 번역한 것인데, 대감일 경우 형조판서일 가능성이 있다.
86 간행본에는 'Y-y'로, 원본에는 'Tjen-Tju dans le Tjen-La-Do'로 표기되어 있다.
87 리델 신부는 1870년 6월 5일에 로마의 예수회 성당에서 주교 서품을 받았다. 리델 주교는 조선 교구 제6대 교구장으로 임명된 후 조선에서 처음으로 맞은 기념일을 포도청 감옥 안에서 맞은 셈이다.
88 포도대장은 리델 주교에게 지금까지 줄곧 너나들이tutoyer를 해 왔는데, 여기서부터는 존칭 'vouvoyer'를 사용한다.
89 로네의 간행본에는 'Kaoli' 혹은 'Kori' 라고 표기되어 있다.
90 's'enivrer'가 취하다, 도취하다, 열광하다, 의기양양하다 등의 뜻을 지니고 있듯이 꼭 술에 취하는 것만을 경계하는 것이 아니라

그 어떤 것에 사로잡혀 정신을 빼앗기지 않도록 경계하는 것을 말하는 것 같다.

91 '원고본'에는 이 속담에 중국도 언급이 되어 있다. "Ce dicton dit que la Chine est renommée par la beauté de ses femmes, la Corée par la bravoure de ses hommes et le Japon par l' habileté de ses ouvriers." 즉, "중국은 여자들이 미인인 것으로 유명하고"라는 부분이 간행본에는 빠져 있다.

92 만주어로는 선양瀋陽Mukden, 옛 이름은 봉천奉天. 중국 요녕성遼寧省의 성도.

93 투페toupet. 이마 위의 끝을 올린 머리.

94 비오 9세Pius IX(1792.5.13~1878.2.7).

95 비토리오 에마누엘레 2세Vittorio Emanuele II(1820.3.14~ 1878.1.9). 이탈리아를 통일한 이탈리아의 1대 국왕.

96 잉커우營口. 요녕성 개주시 옆의 큰 항구도시

97 톄링鐵嶺. 요녕성의 지급시.

98 양관陽關. 요녕성 개주시 남동쪽 40~50회 지점에 위치하며 나가점羅家店이라고 불리는 작은 농촌.

99 Mutel, Gustave Charles Marie(1854~1938). 파리외방전교회원, 제8대 조선 교구장. 한국명 민덕효閔德孝. 1877년 사제 서품을 받고 조선 선교사로 임명되어 같은 해 12월 만주에 도착하였다. 병인박해로 인하여 조선에 입국하지는 못하고 만주에 머무르다, 1881년 황해도 백천에 잠입하여 한국어와 한문 공부에 몰두하며 순교자에 관한 자료와 기록을 정리하였다. 1885년 파리외방전교회 신학교 지도자로 임명되어 파리로 소환되었다가, 1890년에 조선 교구 제8대 교구장으로 임명되어 1891년 조선에 재입국하였다.

100 Liouville, Lucien Nicolas Anatole (1855~1893). 파리외방전교회원, 조선 교구 선교사. 한국명 유달영柳達榮. 1880년 조선에 잠입하였고, 블랑 주교가 새로 운 용산 예수성심신학교를 맡아 성직자 양성에 주력하였다.

나의 서울 감옥 생활 1878
프랑스 선교사 리델의 19세기 조선 체험기

펴낸날	초판 1쇄 2008년 12월 30일
	초판 4쇄 2013년 9월 25일
지은이	펠릭스 클레르 리델
옮긴이	유소연
펴낸이	심만수
펴낸곳	(주)살림출판사
출판등록	1989년 11월 1일 제9-210호
주소	경기도 파주시 문발동 522-1
전화	031-955-1350 팩스 031-624-1356
홈페이지	http://www.sallimbooks.com
이메일	book@sallimbooks.com
ISBN	978-89-522-1062-3 04080
	978-89-522-0855-2 (세트)

※ 본 도서에 자료를 협조해 주신 '명지대학교-LG연암문고'와 '한국 천주교중앙협의회 고문서 사료실'에 감사드립니다.
※ 잘못 만들어진 책은 구입하신 서점에서 바꾸어 드립니다.
※ 역자와의 협의에 의해 인지를 생략합니다.